系统观念与乡村基层协商治理

张君弟 ◎ 著

System Concept and
Rural Grass-roots
Consultation-based Governance

中国社会科学出版社

图书在版编目（CIP）数据

系统观念与乡村基层协商治理 / 张君弟著. -- 北京：中国社会科学出版社，2025.1. -- ISBN 978-7-5227-4388-2

Ⅰ. D638

中国国家版本馆 CIP 数据核字第 2024GF6096 号

出 版 人	赵剑英
责任编辑	田　文
特约编辑	周晓慧
责任校对	张爱华
责任印制	张雪娇

出　　版	中国社会科学出版社
社　　址	北京鼓楼西大街甲 158 号
邮　　编	100720
网　　址	http://www.csspw.cn
发 行 部	010-84083685
门 市 部	010-84029450
经　　销	新华书店及其他书店
印　　刷	北京君升印刷有限公司
装　　订	廊坊市广阳区广增装订厂
版　　次	2025 年 1 月第 1 版
印　　次	2025 年 1 月第 1 次印刷
开　　本	710×1000　1/16
印　　张	14
插　　页	2
字　　数	207 千字
定　　价	88.00 元

凡购买中国社会科学出版社图书，如有质量问题请与本社营销中心联系调换
电话：010-84083683
版权所有　侵权必究

前　言

　　治理之要，重在基层。作为国家治理的基石，乡村基层治理不仅是推进国家治理体系和治理能力现代化的重要内容，也是实现中国式现代化的关键环节，成为国家政策规划中具有重要战略地位的一种决策形式。乡村建设是一个复杂多维的系统工程，涉及农民、市场、社会、政府与党建等多个利益相关主体，要完成乡村治理体系的现代化转型，需要坚持"和美"这一动态协调的系统理念，引入合适的模型，通过子系统之间、子系统与系统整体的功能互补，达到各个治理子系统之间的协同与配合，推进"三治一体"乡村基层协商治理体系的优化，以乡村高质量发展推进中国式农业农村现代化，为中国式农业农村现代化的建设与顶层设计提供对策性建议。

　　随着新科技、新媒体与新经济的日新月异，乡村社会个体或社会群体间价值多元与利益冲突日益显现，阶层矛盾或社会阶层分化日趋明显，乡村基层治理正变得日益复杂，传统的村民自治形式已愈加捉襟见肘。当前，影响乡村治理的因素越来越复杂，积累的深层次矛盾问题越来越多，如乡村"空心化"、村落共同体瓦解、行政干预自治、自治主体结构不稳状态有扩大化趋势，等等。

　　解决乡村治理发展过程中出现的上述问题，需要在新的治理形式中，由一体性向互动性的转变，以降低乡村社会的复杂度。而在"协商治理"的含义上，新的治理形式自然包含着走出传统村民自治形态、进入选举与协商共治状态的要求。乡村基层协商治理是不断纳入互动因素而建立起来的治理机制，必须是吸纳性的机制，而不能是排斥性的机制。一个应对的方法，就是基层党组织和政府需要具有解决动态、复杂和多样问题的协商治理能力，需要将乡村基层社会系统的复杂性、动态性和多样性作为乡村基层协商治理研究的出发点。

乡村基层协商治理结构是指协商主体要素之间的结构功能关系构成，既包含乡村基层协商治理机构组成，也体现出乡村基层协商治理功能的运作。乡村基层协商治理是由多个要素与多个层级构成的复合型结构，需要仔细考察协商主体之间的关系及其制度化安排，研究协商要素与协商层级之间的互动模式。如果说管理向治理转向的本质就是寻求新的复杂性管理范式，那么这个转向就必然要求推动新的协商治理模式出现。要完成从2020年到2035年"多层次基层协商格局基本形成"这一重要历史任务，为21世纪中叶将我国乡村建成富强民主文明和谐美丽的社会主义现代化"和美"乡村奠定基础，就必须将科学、系统建构乡村基层协商治理体系作为一项紧迫的任务加以对待。

"体系"，是指若干有关事物或某些意识相互联系的系统而构成的一个有着特定功能的有机整体，通常由若干个相互关联的部分组成，这些部分之间存在着一定的层次关系和结构关系，旨在实现某种功能，因而体系是一个复杂的系统。在马克思主义哲学视野中，系统是标志事物联系和发展的特定形式的重要范畴与基本观点。从系统视角出发把握事物的本质及其发展规律，善于运用系统观念洞察分析和解决问题，不仅是新时代我们需要具有的理论思维特征，也是在中国式现代化建设过程中应当坚持的重要思想方法和工作方法。

系统观念是我们力图回答新时代理论和实践提出的一种科学方法论，它是以系统整体论为理论基础、以系统方法论为核心、以解决复杂系统问题为导向的一种应用性系统思维范式。特别是它所蕴含的系统性思维、辩证协同性思维、适应性创新思维等思维方式，为我们深刻认识新时代我国乡村振兴所面临的复杂性难题，深入贯彻新发展理念——准确把握中国式现代化进程中乡村存在的深层次矛盾的多元辩证性，推动高质量发展——深入推进和美乡村建设和创新发展，提供了重要的科学方法论遵循，是具有中国特色的系统科学方法论。

基于系统观念，以协商治理为出发点，新时代的乡村基层协商治理体系必然以复杂适应系统为根本，需要我们充分考虑各个协商环节、元素的功能耦合，并对它们进行科学、有机的总体设计。乡村社会既是各种社会元素合目的性的结果，也是各种社会元素在其自身运动过程中相互关联、相互适应、相互作用的结果，形成了乡村社会发展和繁衍的基础。基于系统视角，各种治理元素和结构可以被看作既独立又与其他相关的子系统，当各种子系统能通过彼此的功能进行结合，组成更大的有机、稳态的系统，不仅能实现彼此目的和功能，还能产生出更加优化的结构和功能，若乡村系统中的各子系统能相互适应，乡村社会就能实现稳定发展和不断进步。

乡村基层协商治理就是各子系统相辅相成、互相渗透的历史过程。基于对功能耦合的认识，通过各子系统功能耦合的相互作用、彼此影响实现交互耦合关系，构建一个合理的乡村基层协商治理体系，核心是理顺乡村基层党组织、政府与乡村社会主体、乡村社会组织、行政权力与自治权利的关系，将乡村治理中的自治、法治、德治定义为乡村基层协商治理的子系统，实现乡村基层协商治理内部的功能耦合与整体优化，努力寻求一个更加具有动态性、复杂性并能应对乡村基层协商发展多样性的模型或模式。

本书以马克思主义理论和习近平新时代中国特色社会主义思想为指导，立足于中国式农业农村现代化发展，以乡村基层协商实践发展为内容，以中国乡村基层协商治理的内涵、特征与实践基础为基本，沿着新时代从乡村管理向乡村治理的时代转向，引入"活系统"思想模型，以复杂性与多样性的视角，对具有显著复杂性、多样性特征的"三治一体"乡村基层协商治理体系及其机制问题等方面进行研究。

本书分为三个板块，八个章节。

上篇：梳理与思考。

第一章概述了乡村基层协商治理的内涵及特征。本章介绍了基层协商的由来，概括了中国特色社会主义基层协商、乡村基层协商治理概念的内涵及特征，乡村基层协商治理是国家治理现代化的重要组成部分，为乡村基层相关协商个体和组织直接参与乡村公共事务和公益事业的讨论和决策提供了平等交流协商对话、交换意见建议的途径与平台，相较于其他基层协商治理，它具有地域差异性与不平衡性、切身性、参与广泛性等特征。

第二章主要论述了乡村基层协商治理的基础。我国乡村社会具有它自己的独特性，乡村基层协商治理的兴起和发展是我国乡村政治、经济、文化发展的结果。改革开放以来，党和国家一直尝试改善和调适乡村治理方式方法，新时代又将发展乡村基层协商纳入创新乡村社会治理的重要范畴，实现了从民主管理向治理的有效转向。而乡村经济体制的变革与社会结构的分化，村庄的分化与村民的分层又成为乡村基层协商治理兴起和发展创新的社会基础。村民教育水平整体上的提高，国家对乡村基础设施的投入和建设，为乡村基层协商治理的发展创新提供了物质和技术基础。40年村民自治成效为乡村基层协商治理的实践创新发展提供了协商的平台。

中篇：模型与优化。

第三章强调系统观念是我们力图回答时代和实践提出的重大问题的一种科学方法论，它蕴含了系统性思维、辩证协同性思维、适应性创新思维等思维方式。基于系统观念，引入"活系统"思想，以复杂性与多样性的视角审视如何面对具有显著复杂、多样性特征的乡村基层治理问题，对复杂性治理的一个重要模型——VSM进行阐释和介绍。VSM模型以解决组织复杂性问题为特色，具有强大的跨学科理论特性与面向管理实践的应用特性，它并不努力找寻复杂问题的表面现象，而是找出复杂性治理的深层次基础，它的关注点从简单系统转向复杂适应性系统。

第四章以VSM模型为基础，从结构功能角度对乡村协商治理体系进行优化，将基层组织和个体的自主权、社会的民主协商权与政治领导权和谐有机地统一起来，将自治、法治、德治、基层党组织作为子系统，通过功能耦合达到整体优化，实现乡村基层协商治理的具体化、系统化与协同化，使乡村基层协商治理体系成为一种规范性、系统性的治理模式，并在优化的基础上构建议事准备、协商决策、决议执行以及监督反馈等协商程序,通过"一个领导力,两个机制"达到乡村基层协商治理体系的整体协同。

下篇:机制与案例。

第五章阐述乡村基层党组织的协商领导力。在乡村基层协商治理体系中,基层党组织处于协商领导的地位,其功能主要是确保乡村基层协商治理沿着党和国家政治方向发展,通过发挥协商中的"政治领导力""思想引领力""群众组织力"以及"社会号召力",推动整合乡村基层群众、各类社会组织和各种社会资源,调动广大协商主体的协商积极性和参与协商的热情,形成党群协商治理合力,巩固基层党组织在乡村基层协商治理中的核心地位。

第六章提出协商主体参与机制。围绕"谁来协商"问题,基于自治的参与机制,明确了乡镇党委政府、村"两委"、村民、社会组织等多元协商主体的地位、权限、职责、存在问题,突出村民的协商主体地位,强调党建引领作用,构建操作性强的协商平台和议事规则,实现村民自治运作效能,整体推进协商参与主体的协商能力和治理水平。

第七章提出协商治理的监督机制。乡村基层协商治理的保障,通过"寓法于监督"将法治系统与自治系统结合起来,将自治系统纳入法治的轨道,从法治层面提出规范的协商制度保障,构建协商监督平台,完善协商监督机制,提升乡村基层协商治理的规范化运作、减少寻租,这些举措对实施有效村治大有裨益,还能给予乡村社会大众心理增权和社会增权,形成相互监督体系,保障乡村社会的和谐稳定。

第八章以 X 县乡村人居环境治理为案例,通过乡村基层协商治理的引入和优化,将村委、村民和企业分别作为治理过程中的"引领行为者""参与行为者"和"守护行为者",在构建"三方治理"和"三方监督"的基础上,形成联动共治、互助共建、共赢共享的"联动互助共赢"协商治理体系,既强调公共利益与村民参与,又注重多元主体的共治、共建与共享。

目 录

上篇 梳理与思考

第一章 乡村基层协商治理的内涵及其特征 / 3
　　第一节 基层协商 / 3
　　第二节 乡村基层协商治理 / 7

第二章 乡村基层协商治理的基础 / 11
　　第一节 制度基础 / 11
　　第二节 社会基础 / 18
　　第三节 物质技术基础 / 26
　　第四节 实践基础 / 32

中篇 模型与优化

第三章 系统观念与活系统模型 / 43
　　第一节 系统观念 / 43
　　第二节 活系统模型 / 50

第四章 乡村基层协商治理体系的优化 / 59
　　第一节 乡村基层协商治理 / 59

第二节 基于活系统模型的乡村基层协商治理体系 / 70

下篇 机制与案例

第五章 乡村基层党组织的协商领导力 / 95
第一节 乡村基层党组织的协商领导力概述 / 95
第二节 乡村基层党组织协商领导力的实践探索 / 104
第三节 乡村基层党组织协商领导力的提升路径 / 118

第六章 乡村基层协商治理中的参与机制 / 128
第一节 参与机制的功能与实践 / 128
第二节 参与机制的"瓶颈" / 136
第三节 参与机制的优化 / 140

第七章 乡村基层协商治理中的监督机制 / 146
第一节 协商监督的功能与实践 / 146
第二节 监督机制的实践与"瓶颈" / 153
第三节 监督机制的完善 / 164

第八章 一个案例：X县的协商治理实践 / 173
第一节 X县协商治理的基本情况 / 173
第二节 X县人居环境协商治理中存在的问题及成因分析 / 184
第三节 建构"联动互助共赢"的协商治理 / 190

参考文献 / 201

后　记 / 213

上篇　梳理与思考

第一章
乡村基层协商治理的内涵及其特征

乡村基层协商治理不仅是国家治理体系的构成部分，也是国家政策规划中具有重要战略地位的一种决策形式。党的十八大以来，国家在创新乡村社会治理的基础上，纳入了发展乡村基层协商的实践。在宏观政策层面，国家形成了鼓励发展乡村基层协商治理实践的政策导向。在党和国家宏观政策的导向下，具有各地特色、各具形态的乡村基层协商治理实践探索与治理绩效纷纷涌现。

然而，在乡村基层协商治理实践探索的过程中，也出现了协商实践机制乏力、协商实践过程形式化、协商主体参与不足等问题。如何在新时代背景下破解这些不足与问题，我们不仅需要在协商制度的文本上、宏观协商政策的背景下思考乡村基层协商治理实践未来的走向，而且需要站在更高的视角，将其置于广阔的协商治理实践背景和国家制度环境中进行考察，探索乡村基层协商治理的内在机制和逻辑，分析影响乡村基层协商治理在我国兴起发展的多重综合因素，回应协商治理在乡村基层实践发展中的现实关切。

第一节 基层协商

进入新时代以来，乡村基层协商治理实践在模式创新和制度建设上有了很大进展。在这个过程中，村民群众的利益诉求和权利保障有了更多样化的渠道。人民当家作主的理念和以人民为中心的观念在乡村基层协商治理的实践过程中日益深入人心。而乡村基层协商的内涵和主要特点是什么？对这些问题的回答，首先要厘清和界定中国特色的基层协商概念内涵等一系列基本理论问题。

一 基层协商的缘起

2013年党的十八届三中全会的《中共中央关于全面深化改革若干重大问题的决定》要求："开展形式多样的基层民主协商，推进基层协商制度化，建立健全居民、村民监督机制，促进群众在城乡社区治理、基层公共事务和公益事业中依法自我管理、自我服务、自我教育、自我监督。"①《决议》中提出的"广泛"是指协商存在于我国政治生活的各个方面、各个领域，主要包含了四个方面的协商。一是中国共产党作为执政党与民主党派的协商，关系到我国经济社会发展中的重大问题在党内外进行的广泛协商；二是国家权力机关立法决策协商，主要是指人大的立法协商和政府与社会的协商；三是人民政协的协商；四是包括恳谈会、听证会、咨询会等多种形式在内的基层民主协商。

2015年2月，在中共中央办公厅、国务院办公厅印发的《关于加强社会主义协商民主建设的意见》中，"基层协商"成为"6+1"的协商渠道之一，并且提出"要按照协商于民、协商为民的要求，建立健全基层协商建设协调联动机制，稳步开展基层协商，更好解决人民群众的实际困难和问题，及时化解矛盾纠纷，促进社会和谐稳定。"其中特别强调了关于乡镇、行政村协商的内容和要求，坚持村民会议、村民代表会议制度，规范议事规程。积极探索村民议事会、村民理事会、恳谈会等协商形式。② 这是党的历史上第一次提及乡镇、行政村协商相关内容的中央文件。同年7月，中共中央办公厅、国务院办公厅专门印发的《关于加强城乡社区协商的意见》明确提出"倡导协商精神、培育协商文化，引导群众依法表达意见，积极参与协商"，突出强调了在基层协商

---

① 《中共中央关于全面深化改革若干重大问题的决定》，人民出版社2013年版，第31页。
② 中共中央办公厅、国务院办公厅：《关于加强社会主义协商民主建设的意见》，《人民日报》2015年2月10日第1版。

建设的过程中，要注重发展基层协商，开展多样化的基层协商治理，同时推进城乡社区协商制度化、程序化和规范化，明确了基层协商的内容、主体、形式、程序等一系列问题。该意见明确提出：坚持村民会议、村民代表会议制度，规范议事规程。结合参与主体情况和具体协商事项，可以采取村民议事会、村民理事会、村（居）民决策听证、民主评议等形式，以"民情恳谈日"等灵活多样的协商形式，并积极推进乡村信息化建设，开辟社情民意网络征集渠道，为群众搭建网络协商平台。①

基层协商发展于基层政治体系，要理解基层协商的内涵首先要明晰"基层"的内涵。关于"基层"，一般有两种释义：建筑物或者各种组织中最低的一层。在中国，"基层"包含各个领域的基层，如中国共产党的基层组织、乡镇政府及群众性社会组织。如果按行政区域层级划分，基层应该包括县市、乡镇、街道和行政村四个层级。基层是各种社会结构和行政管理组织中最低的一层，与人民群众联系最为直接、广泛和紧密，是构成各种组织的基础。基层是国家政策直接落实的地方，是党执政为民体现得最为直接的地方，是收集民意、体恤民情的直接窗口。

二　基层协商的内涵

学者对基层协商的概念界定都大同小异。大多数学者认为，基层协商是与区市县、乡镇、街道等社会范围内的村民、居民、企业事业单位及其社会组织就不同层级涉及社会基层民众切身利益的重大问题与实际问题进行的协商。"基层协商民主主要是在县级以下的乡镇、行政村和城市社区等范围内。不同的行为主体，包括基层党组织、基层政权组织、自治组织、社会组织、农村经济组织以及公民个体等，围绕涉及各方面利益的公共问题，通过广泛参与、协商对话形成共识的民主形式。"② 其基本点包含四个方面的内容：一是指基层协商的形式；二是指其核心是促进公共利益；三是指其广泛参与的基层范围；四是指对话与

---

① 中共中央办公厅、国务院办公厅：《关于加强城乡社区协商的意见》，《人民日报》2015年7月23日第1版。

② 陈家刚：《基层协商民主的实践路径与前景》，《河南社会科学》2017年第8期。

协商的方式。习近平总书记指出："人民群众是社会主义协商民主的重点。涉及人民群众利益的大量决策和工作，主要发生在基层。要按照协商于民、协商为民的要求，大力发展基层协商民主，重点在基层群众中开展协商。"①

基于以上分析可以概括出，基层协商是指在中国共产党的领导下，我国行政区域在县市级及以下的基层单位或者组织中的民众或群体，在决策前和实施过程中就改革发展稳定重大问题和涉及群众切身利益的实际问题开展广泛的协商，通过平等对话和有序协商的方式就党和政府的相关政策、与群众生活直接相关的基层公共事务以及公共利益达成广泛共识、化解社会矛盾冲突的一种政治活动。基层协商是中国特色社会主义协商政治的重要内容，是一个让基层群众向党组织和政府提出诉求、表达意见和建议的制度，是发展中国特色社会主义协商治理的基础性工作。

基层协商强调人民群众通过广泛而充分的协商，从而达成以公共利益为导向的决策，最终由党和政府实施，其重要特征是公共理性和价值，是改善党的领导的重要方式。在党的领导下，人民群众围绕社会主义建设的相关事务进行协商，巩固和加强了党在基层社会的领导地位。党中央提出推进协商多层次发展后，学术界开始从政治学、管理学、社会学等视角，提出协商作为一种制度工具，在包括国际层面的合作、国家层面的现代民主体制、地方层面的治理等不同领域和层面的现实政治实践中都具有超越既有制度范式的重要意义。体现在基层自治层面，主要是乡镇、村社和企业以民主恳谈会、代表大会、听证会等形式开展的民主协商，相关的论著有《论我国基层协商民主的问题与对策》②《协商民主与当代中国政治》③《协商民主与有序参与》④《当代

---

① 习近平：《在庆祝中国人民政治协商会议成立65周年大会上的讲话》，《人民日报》2014年9月22日第1版。

② 李文彬：《论我国基层协商民主的问题与对策》，《华南理工大学学报》（社会科学版）2007年第2期。

③ 陈家刚：《协商民主与当代中国政治》，中国人民大学出版社2009年版。

④ 莫吉武、杨长明、蒋余浩：《协商民主与有序参与》，中国社会出版社2009年版。

中国基层协商民主实践与社会整合》①《中国特色协商民主论》②。从"多层"协商的层级来说，要同步推进国家层级、地方层级、乡村基层的协商政治。因此，党的十八大强调，必须进一步扩大基层民主，完善民主权利保障制度，巩固人民当家作主的政治地位。党的十八届三中全会明确了基层协商作为完善中国特色协商体系重要环节的改革方向，提出要积极开展协商，推进基层协商制度化，为开展形式多样的基层协商实践提供了政治制度支撑。

第二节 乡村基层协商治理

基层协商尤其是乡村基层协商是我国国家治理体系中最基础的部分，是中国共产党发展民主政治的重点之一。"大力发展基层协商民主，重点在基层群众中开展协商。"③

一 乡村基层协商治理的内涵

在乡村治理的实践过程中，中国共产党为调整乡村利益层级、适应乡村基层社会经济政治结构的变化而逐步构建形成了乡村基层协商制度。乡村基层协商是一个重要而特殊的领域，目前学术界主要从制度、参与、决策三个维度对乡村基层协商的内涵进行界定和诠释。从制度维度，学者认为："乡村协商是乡村政治共同体中自由、平等的成员参与乡村治理，促进乡村社会稳定的民主形式。"④从村民参与维度，学者认为："村民通过依法、有序、理性的政治参与，就国家方针政策、社会公共事务及村内公共事务等问题提出自身观点并充分考虑他人意见，通过意见凝聚、妥协或转换等达成共识的

---

① 孙存良：《当代中国基层协商民主实践与社会整合》，《新疆社科论坛》2010年第4期。
② 陶富和：《中国特色协商民主论》，安徽师范大学出版社2011年版。
③ 《加强城乡社区协商，深化基层群众自治实践》，《光明日报》2015年7月23日第3版。
④ 张国献、李玉华：《乡村协商民主的显示困境与化解路径》，《中州学刊》2014年第3期。

政治过程。"① 从决策维度，学者认为："协商意味着政治共同体中平等、自由的公民，通过参与决策过程，提出自己的观点并不断修正，实现自身的偏好转换，以赋予决策合法性。"②

虽然对于"乡村基层协商"的概念和内涵学者有着不同的界定和诠释，但是他们都是根据实际情况对其概念和内涵进行界定和诠释。本书中的"乡村基层协商治理"特指县市以下的乡村地区（主要包括乡镇、行政村和自然村）的协商，即在乡村基层党组织的领导下，村民及其他利益相关者通过一定的协商形式，就党和政府相关政策在乡村的部署落实、乡村公共事务和涉及村民切身利益的相关问题进行公开讨论和有序协商，最终实现意见的综合、交换或相互妥协从而达成共识的治理活动。

"乡村基层协商治理"涉及几大要素：协商主体、根本原则、协商形式、协商内容、协商过程以及协商目的。乡村基层协商的协商主体是广大的村民群众及其他利益相关者；协商遵循的根本原则是坚持乡村基层党组织的领导；协商形式根据不同地区乡村的实际情况决定，比如民主恳谈会、村民议事会、乡贤理事会等；协商内容是党和政府相关政策在乡村的落实、乡村内部公共事务和关涉村民切身利益的实际问题；协商过程可以概括为理性协商、凝聚意见、偏好转换、达成共识、作出决策；协商目的是协调分歧、化解矛盾，在解决村民群众最关心问题的同时实现公共利益最大化，继而实现乡村社会的和谐稳定。

如何推进乡村基层政治建设是中国乡村政治发展的重点领域，是化解村治冲突、促进乡村和谐的重要途径。特别是现在众多的传统村落成为专业村甚至消失，使我国乡村的行政村建制的重要意义遭到削弱。随着时间的推移，乡村治理与城市治理的机制将会逐渐统一。在这个过程中，乡村基层协商的一系列政策也将逐步进行系统性调整。这对乡村基层协商实践开展及其效能、社会基础的培育等是一个前所未有的考验。

---

① 尹鉴：《中国农村基层协商民主研究》，博士学位论文，吉林大学，2015年，第30页。
② 吴光芸：《协商民主：新农村政治建设的重要途径》，《调研世界》2008年第2期。

这方面代表性的论文有《村民自治视阈中的协商民主》[①]《中国乡村治理中的协商民主：发展逻辑与推进对策》[②]《中国乡村协商民主：个案研究》[③]《协商民主与中国农村治理现代化》[④] 等。

二 乡村基层协商治理的特点

乡村基层所辖地区人口较少、面积较小，使协商更具包容性、透明性，更加地平等和易行，更为村民群众所欢迎和接受。我国的乡村基层协商在逐步发展过程中，已经形成了村民议事会、村民议事厅、村民公共协商会、恳谈会、理财会、乡贤理事会、村务监事会等形式多样的协商实践形式，为乡村基层相关协商个体和组织直接参与乡村公共事务和公益事业的讨论和决策提供了平等交流协商对话、交换意见建议的途径与平台，相较于其他基层协商实践，它表现出如下特点。

（一）具有地域差异性与不平衡性

当前，乡村经济和社会结构的不断变化调整，城乡一体化进程的加快，导致乡村社会多元利益格局的形成，利益矛盾日益激化。加之我国乡村具有地域辽阔、民族众多的复杂背景，同时各地在自然条件、政治生态、经济社会、人文环境等方面存在着较大差异，呈现出不平衡不充分的发展态势。即使是在同一村庄中，不同阶层的村民群众在文化素质、民主意识、经济能力、价值取向以及生活习惯等众多方面也不完全相同。

（二）具有切身性

乡村基层协商实践全都着眼于处理乡村社会的种种利益矛盾事务，涉及村民方方面面的切身利益，而利益的实现也是村民参与到乡村基层协商实践中的根本动力源泉。2016年8月，民政部发布《关于深入推进

[①] 王平、林萍：《村民自治视阈中的协商民主》，《安徽农业科学》2009年第11期。

[②] 曲延春：《中国乡村治理中的协商民主：发展逻辑与推进对策》，《农村经济》2011年第11期。

[③] 何包钢、王春光：《中国乡村协商民主：个案研究》，《社会学研究》2007年第3期。

[④] 赵秀玲：《协商民主与中国农村治理现代化》，《清华大学学报》（哲学社会科学版）2016年第1期。

城乡社区协商工作的通知》规定,县(市、区、旗)或县级以上单位要建立城乡社区协商事项清单制度,就乡村基层镇村而言,须将环境卫生整治、亮化绿化工程、农田水利改造、社会救助救济、征地拆迁安置等纳入乡村社区协商目录,围绕涉及村民切身利益的公共事务、公益事业确定协商议题。[①] 因此,乡村基层协商实践议题的选择都不是阳春白雪,而是下里巴人,都十分地接地气,是跟村民群众生产生活、切身利益密切相关的问题,具有现实性和实用性。比如村级集体经济收入的分配和使用问题、村居环境治理问题、村民医疗养老保障问题、留守儿童和适龄儿童入学教育问题等等,而对于一些跟村民生产生活没有直接关联的"面子工程""政绩工程"等宏观性问题,则往往不被列入乡村基层协商实践的议题范围内。

(三) 具有参与广泛性

乡村基层协商实践的参与广泛性主要体现在参与主体上面。协商主体包括乡镇政府、村党组织、村委会、村经济组织和社会组织、村民、非当地户口的外来群众等。乡村基层协商实践是由这些协商主体从不同政治共同体的角度出发共同参与实施的,而并不仅仅是一个由当地村民群众对于村庄治理发展的相关公共问题作出协商进行决策的过程。在这个过程中,乡镇政府是主要的协商主体,其政策与乡村的治理密不可分,特别是乡村公共事业的发展和经济社会的发展。而村民是协商的又一重要主体,每一个村民不受性别、年龄、身份、地位以及文化程度的限制都有成为协商议事主体的资格。每个参与者都能在协商议事过程中表达他自己的意见、建议以及利益偏好,坚持"求同存异",不排除或边缘化任何一个协商个体,尊重不同协商主体的意见,包容不同协商参与者的观点和意见,这有利于深刻分析问题,集思广益,作出最优决策。

因此,中国特色的协商政治、基层协商民主及乡村基层协商概念及内涵与西方协商概念及内涵具有本质上的区别,是指导我国乡村基层协商治理实践的基本理论。

[①] 民政部:《关于深入推进城乡社区协商工作的通知》,载《中国财经审计法规选编》编辑部编《中国财经审计法规选编》2016年第12册,中国时代经济出版社2016年版。

第二章
乡村基层协商治理的基础

中国乡村社会具有其自己的独特性，乡村基层协商治理的兴起和发展既有外在性又是内在化的，是乡村政治、经济、文化发展的综合结果。进入新时代以来，广大乡村地区的生产关系、居住形式、思想观念又出现了新的变化。与过去相比，我国的乡村社会已经发生重大变化。与未来相比，我国的乡村社会还会发生不断的变化，这就是我国乡村基层协商治理兴起与发展创新的基础条件。

第一节 制度基础

我国协商民主的发展，既是一个协商民主理论自治的实践检验过程，也是一个协商模式与既有治理格局调适的过程。通过从内在的理性基础和外在的权威关系两个层面考察表明，中国协商民主的发展逻辑在于如何以组织化治理模式去拓展理性的包容性基础与整合化程度、提供精英与大众的理性互动的结构载体，具体的制度变迁则可以通过"吸纳—整合—重构"的路径实现。[①]

一 选举和协商是我国民主制度的两种形式

有学者认为："我国的民主制度是'选举+协商'的民主制度。"[②]

[①] 吴兴智：《理性、权威与制度变迁——中国协商民主发展逻辑再思考》，《南京社会科学》2011年第2期。

[②] 李君如：《协商民主：重要的民主形式》，《世界》2006年第9期。

协商民主作为中国特色社会主义民主的重要形式，是从我国政治生活的逻辑中发展起来的，"源自近代以后中国政治发展的现实进程，源自中国共产党领导人民进行革命、建设、改革的长期实践，源自新中国成立后各党派、各团体、各民族、各阶层、各界人士在政治制度上共同实现的伟大创造，源自改革开放以来中国在政治体制上的不断创新"①。作为制度意义上的民主，在我国国家治理的制度安排中有相应的体现，作为根本制度的社会主义制度内含着社会主义民主的必然要求，在各项政治制度中，协商民主的形式与理念也渗透其中。

新中国成立后，作为根本政治制度的人民代表大会制度在我国得到了确立，与共产党领导的多党合作制度和政治协商制度、民族区域自治制度共同构成了国家的基本政治制度，发挥了社会主义民主的制度优势。中国共产党领导的多党合作和政治协商制度，也是我国民主协商形式的重要制度安排，这项制度经过70多年的实践不断得到发展和完善，发挥着实际的作用，各民主党派和人民群众共同参与的民主协商充分体现了协商民主的性质与精神。因此，有学者认为："我国协商民主的实践就是以中国共产党领导的多党合作和政治协商制度为依赖途径。"②

改革开放后，中国共产党领导的多党合作和政治协商制度不断得到加强和完善，政治协商的理念与实践也在乡村基层民主中成为村民群众有序参与民主政治的重要渠道和途径。1981年党的十一届六中全会提出要发展基层人民的直接民主，"基层政权和基层社会生活中逐步实现人民的直接民主，特别要着重努力发展各城乡企业中劳动群众对于企业事务的民主管理"③。1982年党的十二大强调社会主义民主要广泛扩展到人民群众的政治生活、经济生活、文化生活和社会生活的方方面面。1987年党的十三大提出要促进基层民主生活的制度化，首次出现了"社

---

① 《习近平谈治国理政》第2卷，外文出版社2017年版，第294页。
② 庄聪生：《协商民主是中国特色社会主义民主的重要形式》，《中共中央党校学报》2006年第4期。
③ 中共中央文献研究室：《关于建国以来党的若干历史问题的决议注释本（修订）》，人民出版社1985年版，第65页。

会协商"的概念，着重于建立党、政府与群众之间的协商对话制度。"建立社会协商对话制度的基本原则"，"对全国性的、地方性的、基层单位内部的重大问题的协商对话，应分别在国家、地方和基层三个不同的层次上展开"。① 社会协商对话制度就是要形成领导机关与群众之间、部分群众之间、领导机关之间，就共同关心的重大问题进行平等的直接的相互沟通和商议的制度，这就将"政治协商"的内涵、范围扩大了，不仅强调党（政府）同人民群众建立联系，而且把群众之间的对话、领导机关的对话也纳入其中，确立了不同层次的协商对话形式，乡村基层协商对话制度作为基础性民主建设开始得到关注，要求积极开展乡村基层协商对话实践。党中央明确提出"群众团体也要改革组织制度，转变活动方式，积极参与社会协商对话、民主管理和民主监督，把工作重点放在基层"②。

1991年，江泽民同志把民主投票选举与协商民主联系起来，首次提出"选举"和"协商"都是社会主义民主的两种重要形式。党的十四大明确指出要以基层群众性自治组织为载体发展乡村基层民主政治。1993年修订的《中华人民共和国宪法》明确规定，中国共产党领导的多党合作和政治协商制度是我国基本的政治制度。"扩大基层民主，保证人民群众直接行使民主权利"③被写入党的十五大报告。2002年党的十六大明确提出健全民主制度，丰富民主形式，扩大公民有序的政治参与，完善村民自治，保证人民依法实行民主选举、民主决策、民主管理和民主监督，使乡村基层民主理论有了实质性的创新发展。

2006年2月，《中共中央关于加强人民政协工作的意见》指出：在中国共产党领导下进行广泛协商，体现了民主与集中的统一。"人民通过选举、投票行使权利与人民内部各方面在选举、投票之前进行充分协商，尽可能就共同性问题取得一致意见，是我国社会主义民主的两种重要形式。两种形式比一种形式好，更能真实地体现社会主义社会里人民

---

① 《十三大以来重要文献选编》上，人民出版社1991年版，第43—44页。
② 《十三大以来重要文献选编》上，人民出版社1991年版，第45页。
③ 《十五大以来重要文献选编》上，人民出版社2000年版，第308页。

当家作主的权利。"①

以文件形式确立了"选举"与"协商"是我国民主的两种形式,明确把"协商"作为社会主义民主的形式之一,体现了协商民主的核心价值理念,即注重选举前的协商和讨论、广泛的群众参与、妥协宽容、和谐发展。与此同时,各级党委、人大、政府、基层等方面的协商实践也不断丰富。"我们今天强调的协商政治自然包括政治协商社会协商。不论政治协商还是社会协商,都要按照协商政治的内在原则来确立和发展。"②

从乡村治理现代化角度来看,要走出乡村基层社会公共事务管理中的难题,不仅要注重选举前的民主,而且要注重选举后的民主。2012年,党的十八大报告明确提出"完善基层民主制度""积极开展基层民主协商"③。特别提出了广大乡村基层实行协商民主的必要性,而且把发展乡村基层协商纳入创新乡村治理现代化的重要范畴。

国家将发展乡村基层协商实践纳入发展乡村基层民主、创新乡村社会治理的重要范畴,目的是要在协商民主形式下拓展出一整套协商实践的体制机制,为乡村基层群众参与乡村公共事务协商决策提供平台。习近平总书记强调指出:"人民是否享有民主权利,要看人民是否在选举时有投票的权利,也要看人民在日常政治生活中是否有持续参与的权利;要看人民有没有进行民主选举的权利,也要看人民有没有进行民主决策、民主管理、民主监督的权利。"④ 这就明确表达了选举、决策、管理和监督都是人民享有的民主权利,而后三项民主权利包含和体现了协商民主的精神和内核。"我们可以考虑从中国的实际出发,把选举票决民主和协商民主这两种形式有机结合起来,更多地发挥协商民主的作用。"⑤ 乡村基层民主建设是中国特色民主建设的基础,因而乡

---

① 《江泽民论有中国特色社会主义(专题摘编)》,中央文献出版社2002年版,第347页。
② 林尚立:《协商政治:对中国民主政治发展的一种思考》,《学术月刊》2003年第4期。
③ 《十八大报告辅导读本》,人民出版社2012年版,第26—27页。
④ 《习近平谈治国理政》第2卷,外文出版社2017年版,第292页。
⑤ 李君如:《当代中国政治走向》,福建人民出版社2007年版,第154页。

村基层协商民主实践作为协商民主的微观形式成为中国共产党发展民主政治的重点。

在我国村民自治制度中的民主选举、民主评议、民主监督这些内容都是乡村基层民主实践的表现形式,这些民主实践活动鼓励对话与交流,包容各种观点和立场,为各种愿望情绪和利益表达提供平台和场所,为党和政府提供了解乡村社会情况和人民群众关切问题的渠道。2017年10月,党的十九大提出:"加强协商民主制度建设,形成完整的制度程序和参与实践,保证人民在日常政治生活中有广泛持续深入参与的权利。"[①] 乡村基层协商反映了国家—乡村社会关系的调整,国家制定了推进乡村基层协商实践发展的一系列政策和举措,为乡村基层协商实践发展提供了政策指导,是乡村基层协商治理兴起发展的制度基础。"中国政治发展的现实条件、承担的历史责任和基本政治理念,决定了中国民主政治发展的程序选择必须以协商为价值偏好——借助统一战线提供的政治资源、社会资源和制度资源在中国发展协商政治,应该成为中国新世纪民主政治建设的重要任务和目标。"[②]

二　从民主管理转向治理有效的制度安排

乡村治理采取什么方式,党和国家的制度安排非常重要。改革开放以来,党和国家一直尝试着改善和调适乡村治理制度。在改革开放初期,在以家庭经营为基础、统分结合的双层经营体制的基础上,建立了"乡政村治"的管理体制,即在乡镇设立基层人民政府,在行政村依法实行村民自治,村民自治制度以法律的形式被确定以来,村民开始通过手中的选票选举他们自己的当家人,打破了以人民公社为主体的集权主义乡村基层治理体制。村民民主选举权利的行使,激发了村民发展个体

[①] 习近平:《决胜全面建成小康社会　夺取新时代中国特色社会主义伟大胜利——在中国共产党第十九次全国代表大会上的报告》,人民出版社2017年版,第38页。

[②] 林尚立:《协商政治:对中国民主政治发展的一种思考》,《学术月刊》2003年第4期。

经济、改善生产生活条件的积极性。与此同时，乡村一些传统的经济和社会文化合作的体制机制开始瓦解，村民个体意识日渐增强，对村庄生产生活共同体的认同日益弱化。

随着经济体制的市场化转型，作为熟人社会的中国乡村社会，面临着千年不遇的传统村社大解体，很多村民进城进厂后，回村的时间越来越少，村庄的生产事务和公共事务管理几乎处于瘫痪状态。村民自治在解决和管理乡村公共事务方面发挥了重要作用，村民作为自治的主体意识逐步觉醒，对其自身的民主权利的认识和维护越来越强烈和清晰。村民自治建设率先推动了社会主义民主制度的改革进程，乡村基层民主内涵得到了进一步的丰富和发展。村民自治组织本身是经村民授权、为维护村民利益而产生的，所作出的决策只有充分反映村民的利益才具有合法性。然而，相对于民主选举，乡村民主管理、民主决策和民主监督的发展却是滞后的。

进入 21 世纪，随着乡村经济社会的快速发展和变迁，村民自治重"选举"轻"管理"的弊病逐步凸显，导致许多乡村地区干部与群众关系紧张甚至对立，而一些基层政府管理部门习惯于采用行政命令的管制思维方式，管理工作方式简单粗暴，违背了国家法律和村民意愿，随意撤换和指定村委会干部，引起村民群众的不满。特别是经济发达地区的乡村由征地补偿、宅基地划分等利益纷争所引起的矛盾和冲突时有发生。"行政指令的驱使行为普遍，消除压制农民积极性旧有体制机制障碍仍然任重而道远。"[①] 村民自治组织功能弱化，乡村治理面临新的挑战。

党和国家在制度层面的乡村治理政策不断调整变化着。一方面继续规范乡村民主选举，另一方面开始强调民主选举后的民主治理。1997 年党的十五大就将民主的内涵界定为"民主选举、民主决策、民主管理和民主监督"，将民主选举和民主治理作为一个整体制度。1998 年和 2004 年，国家先后下发乡村村务公开和民主管理的制度及实行村务公开和民

[①] 徐勇：《国家整合与社会主义新农村建设》，《社会主义研究》2006 年第 1 期。

主管理的文件，从而使乡村村务公开和民主管理普遍实行并完善起来。另一方面，希望通过引入民主协商因素深化乡村民主决策、民主管理和民主监督。党的十八大后，随着国家民主政治发展的重心下移，乡村社会的民主建设和治理得到了党和国家的高度重视和密切关注，实现了从管理到治理政策的转变。党的十八大报告明确提出："完善基层民主制度"；"在城乡社区治理、基层公共事务和公益事业中实行群众自我管理、自我服务、自我教育、自我监督，是人民依法直接行使民主权利的重要方式"。① 2013 年，党的十八届三中全会提出了"城乡治理"的概念，要求政府职能"转向"，管理方式应从"干预"转向"治理"。正是在此背景下，乡村社会开始从"民主管理"制度转向"治理有效"的制度安排。

乡村治理的内容是与村民生产生活息息相关的公共事务，在生产生活中遇到哪些需要解决的困难，村民是最清楚也最有发言权的。乡村治理的内容离不开村民的生产和生活，乡村基层协商民主实践的议题也始终离不开村民的生产和生活，各地乡村在治理过程中以不同方式对乡村基层公共事务协商实践形式进行了新的探索。这些实践探索为完善乡村基层民主、激活村民自治、推动乡村从管理转向治理积累了宝贵的经验。在国家和社会合力互动下，民主恳谈、民主评议、村民议事等形式的乡村基层协商民主实践从个别省份的乡村向全国各地乡村不断发展，推动了基层政府部门对乡村治理的理念、治理结构和治理决策发生质的变化，转变了乡村治理的方式。增强了基层政府的协商治理能力，推动了村民与基层政府之间紧张关系的缓和协调，拓展了村民政治参与的空间，扩大了村民对公共事务的知情权、参与权以及监督权，增强了村民在乡村公共事务决策中的协商发言权，促进了村民对乡镇基层政府部门政策的理解和落实，提高了村民的政治参与热情与民主意识，从而促使广大乡村走向善治。

---

① 《十八大报告辅导读本》，人民出版社 2012 年版，第 27 页。

第二节　社会基础

乡村经济社会发展促进了乡村社会结构的分化。改革开放以来我国乡村社会开始分化，所有制结构和分配制度的调整改革，经济增长速度的加快，进一步促使乡村社会各个领域的分化。乡村社会分化也是进入新世纪以来我国"不平衡不充分发展"的重要表征，对乡村传统的经济社会结构、村落文化共同体形态和传统价值理念带来了前所未有的冲击。

一　乡村经济体制变革与社会结构分化

新中国成立后，党的领导和人民政府工作深入乡村，我国乡村经历了多次转型发展，既涉及经济和物质领域，也包括政治、经济、文化以及人的现代化，无论是城乡区域、村民阶层及职业，还是社会组织家庭形态等都发生了巨大的变化。有学者认为，以往中国在总体上仍是传统农业社会结构，而"中国社会结构真正发生历史性的变化是在1978年的改革开放以后，经济体制和社会体制改革大大加快了由农业社会向工业社会、农村社会向城市社会、传统社会向现代社会的转型，由此中国社会结构发生了深刻变动。"[①] 在中国整体社会结构变化中，传统乡土社会结构的变化更加明显，随着市场经济的快速发展，传统封闭静止的乡村社会形态逐渐走向开放流动，既往单一的农业劳动者已经分化为不同职业的从业者，原先联系紧密的村庄共同体开始瓦解，保持了千年稳定的村庄社会结构面临解体。

1978年，党的十一届三中全会后，废除了人民公社、统购统销等计划经济体制，农村开始分田到户，确立了以农户为主体的土地承包关系，实行家庭联产承包责任制，建立以家庭经营为基础、统分结合的双

[①] 陆学艺：《当代中国社会结构》，社会科学文献出版社2012年版，第14页。

层经营管理体制。家庭联产承包责任制对人民公社体制的取代是我国乡村经济体制调整变革的关键举措，它激发了村民的自主性，并使乡村生产力突破原有的束缚获得了长足的发展。1982年1月1日，中共中央以"一号文件"形式颁发了改革开放后的第一个发展"三农"的文件，该文件肯定了家庭联产承包等多种形式的责任制，明确提出包产到户、到组，包干到户、到组，都是社会主义集体经济的生产责任制，要尊重群众的选择，不同地区，不同条件，允许群众自由选择。同年修订的《中华人民共和国宪法》肯定了实施家庭联产承包经营为基础、统分结合的双层经营体制。随着计划经济开始解体和废除"人民公社—生产大队—生产队"乡村管理结构，使农村的生产经营方式发生了极大改变，出现了多种经营模式和多种经济形式，而集体经济存量不断减少，个体经济增量不断上升、占比不断扩大，乡村利益主体开始向多元化发展，乡村复杂的经济纠葛现象由此产生。

1983年，中共中央、国务院印发《关于实行分政社分开建立乡政府的通知》，标志着中国农村产业发展管理体制由人民公社、生产队主导向乡政府、村委会、联户、单户承办转型，推动地方建立乡政府，农村逐步开展了政社分开改革。农村生产经营方式和管理体制的变革带来农村经济的快速发展，在实行生产责任制后，农户获得了生产和分配的自主权、时间和劳动的自由支配权，激发了农村的生产活力，生产积极性极大地提高了，收入大幅度提高，解决了温饱问题，农业生产效率在短时间内迅速提升，为工业化、城镇化以及农民生活条件的改善奠定了坚实的基础。1984年，中央"一号文件"鼓励农民向各种企业投资入股，允许务工、经商、办服务业的农民自理口粮到集镇落户，开始了中国农村城镇化进程。1985年中央"一号文件"取消了实行30年的农副产品统购统销制度，走出了农村产业结构调整的第一步，乡镇企业开始在我国乡村异军突起。

乡镇企业的异军突起彻底改变了农民的生产方式与价值取向，农民的市场主体意识、合同契约意识、理性经济思维不断强化，参与乡村管理的愿望日益迫切。同时，农民生产积极性的提升所带来的红利支撑着我国的城镇化、工业化发展进程。从产业结构比重方面来看，城市化、工业化的快速推进使得农业在整个国内生产总值中的比重逐年下降，城乡差距开始日益扩大，直接改变了传统农村的经济社会结构，加速了乡村社会的分化，给乡村社会形态、村民思想文化及价值理念带来了前所未有的冲击，各种新的理论与方法纷纷涌入，传统的乡村社会经济伦理关系呈现出异质性。

随着改革开放在各个领域的不断深入，资源的自由流动和活动空间自由度的扩大，传统农村社会的高速度、大规模的分化成为同期我国社会变迁的主要形式和趋势，经济结构和社会群体分化愈演愈烈，逐渐形成了多元利益共存的格局。到了20世纪90年代中后期，随着城市化、工业化迅猛推进，我国乡村社会发生了深刻变迁。随着社会流动性的加快，原先比较封闭的村庄社会遭遇了来自工业化和城市化的强势侵蚀，因而变得开放，大量乡村劳动力尤其是有一定知识和技能的年轻人转移到非农业就业，一部分村民进城、进工厂，劳动力资源被吸纳到了城市，村民可以从村庄农业以外获得越来越多的收入，村庄开始分化，传统价值观念的精神束缚被打破，民主、自由、平等、科学等理念深入人心，村民思想观念发生了质的改变，开放、包容的现代市场意识和文化价值观念开始产生，权利意识逐渐崛起。村民主要通过三年一届的村民委员会选举行使民主权利，依托村党支部和村委会管理村民事务，村民自治不断向纵深发展，推动了我国乡村经济社会的发展，广大乡村干部群众获得了关于民主和自治的理论、实践与方法，除了进行商品价格协商外，还提高了决策、经营、管理和沟通能力，以及作为生产与经营主体者、人格尊严等主体意识。

2000年以来，三产融合发展态势正在形成和加速，城乡交流与互动日益频繁，大量乡村劳动力不断向非农产业和城镇转移，城市化率不断提高。2018年，我国城市化率已经达到59.6%，全国乡村人口规模、占比和构成等不断发生新变化，在城镇化的发展进程中，乡村社会的结构和性质进一步分化，乡村社会全面进入现代化进程中，治理事务日趋复杂化、治理主体多元化、利益诉求多样化，村民对公共服务的需求量增加，村民的民主意识与参与意识不断提升，村民维权意识越来越强烈，直接参与乡村公共事务管理的愿望日益增强，在乡村治理中渴望拥有知情权、表达权、参与权，广大乡村干部群众的协商意识不断提高。所有这些对乡村基层协商民主实践的兴起发展起到了不可低估的作用，成为新时代乡村基层协商民主实践兴起和发展创新的社会基础。

二 村庄的分化与村民的分层

乡村基层协商民主实践的基础是村庄。我国的村庄是政治经济社会共同体，长期以来处于松散、自为、自在的状态。改革开放后，以公有制为主体、多种所有制形式共同发展的经济制度和以按劳分配为主体、多种分配方式并存的分配制度使乡村社会发生了深刻的变化，导致经济利益主体及其收入的多样化。由于不同村庄所处地理位置的不同，资源要素禀赋存在巨大的差异，经济结构和经济发展方式多样，开始出现了不同发展类型的村庄。既有本地人口大量流出却仍以发展农业为主的村庄类型，也有大量外来人口流入并已进入城镇范围的城郊村类型，还有比较偏远地区乡村人口流动不大却保持着传统特色的村庄类型等，不同类型村庄之间的差异和同一类型村庄内部村民与村民之间的发展差异拉大，出现了村庄的分化，村民结构也出现了分层。

随着村庄的分化，村民结构分层随之出现，使乡村社会阶层结构发生了变化，由原来的"一体"社会阶层结构向"金字塔结构"阶层转变。这主要是由于村民在职业方面产生了分化，不同职业之间的经济收入不同，使原来同质化的村民群体产生了明显的经济收入方面的差距，经济收入方面的差距又造成了村民之间不同的利益分化，由此带来村民意愿诉求多元化和行为方式的多样化，即"村庄里的分化"，村民阶层不断分化。到了世纪之交，经济发达地区的村庄出现了"高度分化""能人治村""上层村民规模大"的阶层分化现象，强势阶层的村民力量占据着乡村的顶层。由于城乡二元结构还没有完全被打破，这种现象在东部沿海发达地区的村庄不是个案。东部沿海发达地区经济快速发展，城郊村的土地快速升值，广大村民不再仅仅守着土地过日子，大部分村民选择了进城务工，或在工商领域自主创业率先发展，成为村庄里的"富人阶层"。村庄除了原有以耕种为主的村民外，又出现了私人个体经商者、农民企业家、村委会干部等新兴阶层，富人村干部、农民企业家等成为乡村社会的复合式人物，造成了乡村利益分配的非均衡化，产生了弱势村民阶层与强势村民阶层的对立隔膜现象。

乡村村民的阶层分化是相对城市的居民阶层分化而言的传统乡村所特有的社会分化特质。传统村庄是熟人社会，村民之间具有交往距离短和信息对称、面对面的村庄的价值体系共享等特点，村民无法逃避其自身的社会关系和阶层位置，只有达到同一村庄村民公认的一套价值体系的标准，村民才能在村庄中立足和得到其他村民的承认。中国的传统乡村社会是一个村庄共同体，是村民共同生产、共同生活的场所，村民生活在同一个村庄里，彼此都知道自己的邻居，大家都承认传统的道德、伦理、习俗，但只有强势村民群体的价值目标才可能成为村庄其他村民共享的价值目标。

村民的分化首先表现为职业和经济上的分化，出现了私营企业主、个体工商户、进城务工者、种粮大户、手工业者、新乡贤等乡村精英群体，他们占据甚至垄断着乡村大量的政治信息、经济权益、文化资源，使得原本均质化、相差无几的村民被划分为不同的社会阶层，阶层意识逐渐显性化，开始出现较突出的阶层隔阂现象。据统计，2016年全国第一产业从业人员为2.1亿人，比2000年和2010年分别减少1.5亿人和6000多万人。改革开放后，一部分村民利用原先集体企业积累下来的管理和销售经验、技术及人脉关系等，通过承包等方式把集体社队企业做大做强，逐渐升级为中小企业或规模企业，成为先富起来的村民企业家阶层，这部分村民企业家不仅在县市城市购买了商品房，而且在村里自建了别墅或农庄，这部分村民企业家阶层的一举一动都会成为所在村庄村民关注的焦点。而其他大部分村民则仍然从事农业生产和家庭小作坊经营，或在本地企业打工，从事半工半耕等职业，这部分村民仍然居住在基础设施落后的老旧村落里。

职业分化带来村民经济收入上的巨大差异，村民的经济收入从两三万元到上千万元不等，经济收入高的上层村民与从事一般农业生产经济收入低的村民之间的距离不断拉大，经济收入低的村民无论怎么努力也无法达到上层村民的经济收入。因为村庄生活空间的狭小，村民彼此之间清楚他们自己和其他村民的经济收入，就会在比较和竞争中对其自身进行村庄中的阶层定位，确认他们自己在村庄社会阶层中的位置和他们自己所扮演的角色。

处于村庄不同阶层和群体的村民有着各自不同的利益诉求，也往往采取不同的利益表达方式。由于经济收入上的差别，村民在交往的时间、空间和心理上都出现了较大的距离，经济收入高的富裕村民鄙视、蔑视经济收入低的村民，不屑于与经济收入低的村民交往，觉得与经济收入低的村民交往是浪费时间，没有价值。而经济收入低的村民则没有底气跟经济收入高的富裕的村民交往，在经济收入高的富裕的村民面前有压力，同时也看不惯经济收入高的富裕村民的高高在上、自以为是的做法。从而使得经济处于收入不同层次的村民相互之间交集变少、距离拉开，即使是亲兄弟、堂兄弟或邻居关系也逐渐变淡，血缘地缘认同感降低。

鉴于经济实力的不同，经济收入低的普通村民不但被迫退出与经济收入高的富裕村民的竞争和人情往来，而且不参与村庄的任何公共生活，即使参与也会有意识地将他们自己定位为配角，甚至还有部分经济收入高的在经济物质条件上拥有优势的"乡村精英"通过"承诺"或是"威胁"的方式，使处于经济收入低的一般村民不敢或是不愿表达其自身的意愿，妥协于这些强势者，慢慢形成了经济收入高的富裕的村民垄断了村庄公共资源事务的话语权和管理权，加上经济收入高的富裕村民具有较强的社会影响力和政治感召力，造成了"能人治村"现象的出现，许多乡村因此而形成了经济收入高的能人成为村干部的普遍现象。

"能人治村"在给乡村带来经济活力的同时，也使他们成为不同经济利益集团的代言人，使村庄政治失去公共性，造成了经济收入高的富裕村民对村庄公共资源垄断的局面，从而产生了严重不公平，影响了乡村基层政权的合法性，于是乡村社会的各种矛盾冲突不可避免，特别是在村委会选举、村集体利益分配等方面出现了村民分层的深刻投影，形成了"传统政治精英"与"现代经济能人"相互争夺乡村治理权的怪象。"传统政治精英"主要是以老一辈的村党支部书记、生产队长等一批人为代表，他们不仅有着良好的群众基础，而且有着较高的政治觉悟和丰富的乡村工作经验，客观上在乡村社会还有一定的影响力和权威。"现代经济能人"主要是以外出打工、经商富裕起来的村民、企业家等高收入者为代表，他们有一定的经济实力和见识，思维意识更加开阔，头脑更加灵活，有着强烈的参与乡村政治生活的愿望，希望在乡村政治中得到其自身价值的体现。"传统政治精英"和"现代经济能人"两类不同利益代表在乡村治理中的互相博弈，在一定程度上导致了乡村组织涣散，治理乏力。因此，有学者认为，"公共事务决策完全由农村政治精英和经济精英所操纵和控制而趋向于更加封闭和简单"[①]。但是，在乡村阶层分化和乡村振兴大背景下，能人参政是乡村社会出现新阶层后的产物，经济收入高的村民参选村干部和"经济能人治村"具有一定的必然性，这主要有三方面的原因。一是担任村干部获得利益大，经济收入高的富裕的村民有动力参选村干部。二是基层政府需要通过经济收入高的富裕的村民与乡村社会对接，因而支持和鼓励这些经济收入高的富裕的村民竞选村干部。三是经济收入高的富裕的村民各种资源雄厚，有强大的动员能力参选村干部。因此，经济收入高的富裕的村民参与竞选更容易当上村干部，出现了所谓"能人治村"的现象。

"能人治村"意味着经济收入低的普通村民不得不与经济收入高的富裕的村民进行互动和比较，并且要直面由此带来的各种巨大的压力，同时也预示着经济收入高的富裕的村民要参与村庄的社会性竞争和价值生产，介入村庄公共资源的分配，并可能因其经济上的优势而包揽村庄内所有的优质资源。他们又将经济上的优势转化为政治上的优势，垄断村庄利益再分配的权力，进而利用权力瓜分村庄公共资源，从而将政治上的优势转化为经济上的优势。如村干部将宅基地指标、村集体建设用

---

① 戴玉琴：《农村协商民主：乡村场域中群众路线实现的政治路径》，《江苏社会科学》2016年第2期。

地等经济资源分配给经济收入高的富裕的村民群体，经济收入高的富裕村民群体利用村集体资源实现了他们自己企业的转型升级，扩大企业生产，从而占据更多的经济资源，以保持和提升其社会阶层位置。经济收入高的富裕村民群体不仅在经济基础上垄断了镇村范围内的经济资源，而且掌控着社会关系资源和文化价值资源，总体上占有乡村社会的优质资源，主导了村庄的价值评价体系和标准。村庄许多政治和经济社会现象都与这些特点相关。如果要解决"能人治村"带来的不同阶层村民占有资源不均等的社会问题，必须将公平、公开、合理、有序的协商民主规则引入村委会选举和村务管理，在选举之前对村委会候选人进行充分的协商，这样就可以避免无德自私的经济收入高的能人进入村委会，避免社会分化新的阶层结构出现后产生难以克服的乡村社会动荡和不同阶层之间的冲突。

社会分化是进入新时代我国发展不平衡不充分的突出表现，并在广大乡村社会蔓延。我国乡村社会虽然总体上全面实现了小康，但村民与村干部、村与乡镇、乡镇与县市之间不再是简单的经济利益关系，还包括政治经济文化价值理念这些方面的关系。村民群众因发展不平衡不充分问题而出现经济利益分化、文化价值理念等方面的冲突，将是中国乡村社会在相当长一段时期里需要面对的客观事实，对乡村社会的和谐稳定造成一定的影响，那么乡村基层协商民主则为乡村社会整合提供了一种有效的方式。在未来几十年内，受国际国内各种因素的影响，我国的乡村社会发展仍会发生不断的分化分层，不同地区村庄之间的差异仍会有所扩大，这也是客观存在的事实，也是不以人的意志为转移的。

当前，大多数村庄因社会结构变迁而造成村民主体多元分化、村治主体力量薄弱、社会信任资源缺失等，在客观上需要一个强有力的村庄外部力量来重构乡村社会基层秩序。而乡村基层协商民主实践则将不同层级、不同个体利益通过理性的协商、讨论加以整合，以共同利益最大化为目标，尤其是将广大村民和村干部置于一个平台，充分尊重广大村民群众利益，把原来分散、不同层级村民的隔膜甚至对立变为集中、平等、沟通和协调，这样既可限制和抑制"能人治村"垄断资源问题，又可最大限度地调动广大村民群众的积极性和创造性。因此，从一定程度上可以说，村庄的分化、村民的分层及"能人治村"所产生的负面影响，推动了乡村基层协商民主实践的兴起和发展创新。

中国乡村正面临着千年未有之变局，正处在新时代深化改革的风口浪尖上，社会环境发生了深刻的变化，对深化乡村治理提出了新要求。按现代治理理论划分，农业生产和乡土人情是传统社会，工业化和城市化是现代社会。尽管从地理治理疆域划分来看，城市之外就是广大的乡村，城乡融合是大势所趋，在治理上相通。但由于我国广大乡村的历史文化传统、人口构成、结构特点和熟人社会的关系与陌生关系的城市还是有所不同的，乡村社会的运行和治理与城市运行和治理也存在不同程度上的差异。基于目前城乡关系已经发生了重大变化，乡村不断由以熟人社会为主的社会状态，转向由陌生人社会与熟人社会并存的社会状态，乡村人口构成和社会结构发生深刻转变，乡村真正的主体村民持续不断地流出，加剧了广大乡村的"空心化"现实，村民集中居住在新型社区又出现了人户分离、流动人口管理、本地人与外来人口的利益分配和社会融合等新问题。从中央到地方各级政府都非常重视这些新问题。因此，在乡村转型的历史节点，国家作出了乡村基层协商民主的战略部署和顶层设计，如何发动乡村的主体村民、组织村民、带领和帮助村民，焕发出他们政治参与的热情和激情，是一个至关重要的大问题。这也是乡村基层协商民主实践不断发展创新的一个内生动力来源。

第三节　物质技术基础

乡村基层协商民主实践的兴起与发展必须具备一定的物质基础，协商主体只有获得物质上的满足，不为生计奔波，才有时间和多余的精力去参与协商民主活动。进入新世纪以来，城乡之间的资本、劳动力、技术、信息流动界限被打破，流通越来越频繁，使得广大村民可支配的资源增多，特别是乡村义务教育的普及发展，村民受教育水平整体上有了大幅度提高，国家对乡村基础设施的投入和建设，使村民交流和沟通更加方便和快捷，为乡村基层协商民主实践的发展提供了物质和技术基础。

一　村民收入大幅度提高

经济基础决定上层建筑，经济既是基础，也是社会发展的命脉。乡村基层协商民主实践的兴起、发展、创新关键在于乡村经济发展和经济增长，村民群众收入与物质生活水平的提高。协商民主实践不仅与相应的民主观念的推动以及政治体系的制度塑造相关联，而一定的经济基础更是起着根本性的决定作用。

在改革开放初期，党中央、国务院非常重视"三农"问题，连续几年发布了推动农业农村改革发展的中央"一号文件"。从1982年承认包产到户的合法性，到1983年的放活农村工商业，到1984年鼓励发展农村商品生产，再到1985年取消统购统销政策和1986年提出增加农业投入政策，使农村农业生产得到根本性的发展，广大农村发生了翻天覆地的变化，我国广大乡村地区经济得到了长足的发展。到了20世纪90年代末期全国农村的村民人均收入不断提高，解决了温饱问题。

但中国幅员辽阔，东西部地区社会经济发展不平衡，特别是东西部广大地区的乡村和边远地区经济发展不平衡不充分问题表现突出。进入新世纪后出现了农业产值下降、农民增收困难的问题，党中央国务院不断调整完善促进农业发展、农民增收政策，逐步建立了一套农业发展农民增收的政策体系，对农业农村发展实行"多予、少取、放活"的方针，陆续实施了新型城镇化、美丽乡村建设、农业供给侧结构性改革、精准扶贫、乡村振兴等系列政策措施。2002年党的十六大提出了统筹城乡发展战略。同年10月，党的十六届三中全会又将统筹城乡经济社会发展置于"五个统筹"之首。2004年2月，中央专门下发了《中共中央、国务院关于促进农民增加收入若干政策意见》，坚持"多予、少取、放活"的政策措施,国家进行了农村税费、减税和规范农民负担等一系列改革。2006年,中央"一号文件"重点放在"多予"方面,取消了农业税,国家不再向农民收取任何税费,动员各方力量广泛参与社会主义新农村建设,而且以"项目制"、农业综合补贴、农村基本养老保险、新型农村合作医疗资助等方式开始大规模向乡村转移资金资源,大大改善了乡村的基础设施,保障了广大村民生产生活的秩序。2008年中央"一号文件"加大了"三农"投入的政策措施。2009年中央"一号文件"提出了促进农业稳定发展、农民持续增收的具体政策措施。2010年中央"一号文件"提出了进一步完善、强化"三农"工作的重大原则和措施。在中央政策和国家资金资源不断加大投入的推动下,我国广大乡村地区基本上达到了小康水平。

党的十八大后,国家对发展乡村经济社会的政策倾斜和投入力度逐年递增,又连续颁布了提高农业生产效率和农民增收的六个中央"一号文件"。2012年首次提出大力推进农业科技改革发展促进农业农民增收的政策。2013年国家将重点放在保供增收惠民生、改革创新添活力上外,还加大了对农村改革、政策扶持力度、科技驱动力度的具体政策措施的落实。2013年,全国农村人均纯收入达到了8896元,比35年前的1978年增长了100多倍。[①] 在农民全面增收的背景下,2014年重点提出了全面深化农村改革,推进城乡要素平等交换和公共资源均衡配置,让农民平等参与现代化进程、共同分享现代化成果的改革要求。2015年国家将重点放在中国经济发展进入新常态下继续强化农业基础地位、促进农民持续增收的具体做法上。2016年提出了用发展新理念破解"三农"新难题,厚植农业农村发展优势,加大创新驱动力度,推进农业供给侧结构性改革,加快转变农业发展和农民持续增收的具体政策和措施。2017年进一步提出了深入推进农业供给侧结构性改革的重大举措。特别是实施乡村振兴战略为广大乡村发展注入了新的活力和动力,国家向乡村社会输入了大量的公共资源。经过多年的努力,我国农村农业生产条

---

① 《农民日报》2014年1月23日第1版。

件得到了改善，经济效益提到了提升，2018 年，主要粮食作物生产的机械化率超过 80%。农业科技创新和应用能力也显著提升，2018 年，农业科技进步贡献率达到 58.3%，主要农作物实现超过 96% 的良种覆盖率。农村农业得到了巨大发展，乡村基础设施得到了极大改善和发展，村公路硬化，路灯、自来水、网络宽带等城市设施一应俱全，城乡之间交通便利，乡村生产生活条件得到极大改善，显著提高了村民的生产生活环境，为广大村民提供了丰富的物质条件。

除了农村农业经济发展外，协商民主实践，尤其是在政治领域，要求具备使全体社会成员普遍参与的地理环境。随着国家交通运输系统与电子通信网的修建与完善，城乡一体化快速发展，村民在交通、卫生、社会保障等层面享受到前所未有的公共福利，东部大部分地区已经实现了城乡一体化，乡村公共基础设施与城市实现了同步发展，广大村民群众在乡村就能享受到城市化、现代化带来的便利。据测算，2018 年，全国乡村地区 99.9% 的农户所在自然村通公路，99.9% 的农户所在自然村通电，99.7% 的农户所在自然村通电话，98.1% 的农户所在自然村接收有线电视信号，95.7% 农户所在自然村已通宽带。乡村村民人均住房建筑面积达到 45.8 平方米，村民生活和居住环境条件大为改善。除了交通基础设施居住条件的改善外，农民的收入也大幅度提高，2018 年，农民人均可支配收入达到了 14617 元，连续 9 年增速超过城镇居民的收入，彩电冰箱空调等家用电器基本上得到了普及，大约有 1/3 的农户家庭有了电脑，成年人基本上人人有手机。① 2021 年，国家统计局发布的《2020 年国民经济和社会发展统计公报》显示，按现行乡村标准计算，贫困地区 551 万名乡村人口全部实现脱贫。全年贫困地区人均可支配收入为 12588 元，实际增长 5.6%。全年乡村村民收入呈现较快增长，比上年实际增长 3.8%。② 乡村经济社会的发展，村民人均收入的大幅度提高，乡村道路交通基础设施的改善，为乡村基层协商民主实践的兴起与

---

① 韩俊：《谱写新时代农业农村现代化新篇章——70 年农业农村发展与制度变迁》，《新三农》2020 年 10 月 3 日，https：//www.163.com/dy/article/FO04393O0519D9DS.html。
② 《农民日报》2020 年 2 月 28 日第 2 版。

发展创新奠定了强大的物质基础。科恩曾提出："社会成员如不享有最低限度水平的物质福利，任何社会也不能指望长久维持自治。"①

二　乡村信息网络技术运用迅猛发展

乡村基层协商民主实践的兴起与发展要求通过具体的通信设施和沟通交流工具以使协商主体提升参与效率。20世纪90年代以来，互联网作为一种新的信息交流沟通工具飞速发展，成为信息社会下的重要载体和传递平台，使得信息不再被少数人垄断，公众通过信息共享了解到世界各地更多的信息，突破了以往人际交流对话的时空界限，极大地便利了人与人之间的交流和交往沟通，促使公众参与的热情不断提高。互联网络平台因其开放、多样、便利、互动等特性而对人们的生活产生了巨大的影响，迅速为广大村民群众所接受、使用，并凭借着方便、快捷、即时等特性日渐深入村民群众的日常生活之中，成为村民之间沟通交流、传达民意的重要途径，为村民群众政治参与开辟了新的渠道。

进入新世纪以来，我国乡村信息网络基础设施不断完善。电信基础设施全面升级改造，据工信部数据，2020年全国行政村通光纤率和4G覆盖率均超98%。人工智能、5G、大数据等新一代互联网技术创新应用率显著提高。乡村广播电视网络基本实现全覆盖。乡村智慧物流网络基础设施建设不断推进，乡村地区电商网络服务平台的支撑能力显著加强。手机、电脑、有线电视网络在乡村实现全覆盖，为乡村基层协商民主实践的发展创新奠定了技术基础。科技和信息网络的迅猛发展为协商民主的发展奠定了科学基础。② 信息化条件下的互联网、智能手机的普及，填补了乡村村民与外部世界联系的信息鸿沟，打开了村民放眼看世界的交流交往通道，助力农产品走向市场，增加村民收入，打造新的益农生态链。如广东自2018年推动信息网络进村入户工程以来，建设起

---

① ［美］卡尔·科恩：《论民主》，聂崇信、朱秀贤译，商务印书馆1988年版，第110页。

② 朱勤军：《中国政治文明建设中的协商民主探析》，《政治学研究》2004年第3期。

服务延伸到村、信息精准到户的"信息高速公路",打通了乡村信息"最后一公里",创建了"政府+运营商+服务商"三位一体机制。2021年,广东省级财政投入9亿多元,实现城乡社区公共服务站全覆盖,设置综合服务窗口,实现"一门"在基层全覆盖。① 截至2021年4月底,广东信息进村入户工程助农培训达56.6万人次,"12316""三农"服务热线创新做法、升级服务功能,积极发挥"资源汇聚""牵线链接""精准发力""有效传播"等优势,积极参与抗疫、防疫战斗、助力农产品保证供给和涉农企业复工、复产。②

网络平台沟通的多元化语境,通过网络平台公开讨论,自由平等发表意见的表达方式,提供了一种在最大程度上维护少数派或弱势群体的发言权并保护自身利益的途径,越来越受到广大村民群众的欢迎和使用。网络平台不但成为村民人与人之间信息沟通交流的渠道,随时随地利用微信即时通信应用程序进行信息交流、视频联系对话,而且成为村民参与村中公共事务的平台。据统计,我国乡村网民已超过2亿人,网络已成为许多村民尤其是新生代村民工作生活不可或缺的内容,成为乡村群众了解国际国内时政新闻、提升自身文化素质、参与政治的重要渠道之一,为广大村民群众提供了一个在线上平等地沟通交流乡村公共事务的平台。在网络平台这个领域交流讨论乡村公共事务问题不受地区、年龄、性别等条件的限制,任何一个村民都可以依法在不违反网络平台秩序的前提下对关系到乡村经济社会发展或自身利益的公共事务问题进行共同探讨、商议,自由发表意见和建议,明确表达他们自己的主张,争取其自身的合法利益,解决不同利益主体之间在认识上或观念上的分歧。在协商讨论过程中,村民参与乡村公共事务的积极性明显提高,政府也可凭借网络了解、整合村民群众的各种意见建议,在乡村公共事务协商决策过程中真正践行协商于民、协商为民的协商目的,从而实现乡村公共事务的科学决策、民主决策,加大了乡村公共事务决策的透明度。此外,电商服务平台在乡村的兴起,直播带货为一部分村民提供了

---

① 《羊城晚报》2021年5月6日第A3版。
② 《羊城晚报》2021年5月9日第A2版。

致富的渠道和平台，即使是交通不便的边远山区的村民足不出户也可以把他们生产的农产品或土特产卖到各地。

互联网技术在乡村经济领域的运用、发展正深刻地改变着乡村的文化政治环境，拓宽了村民利益表达的渠道，提高了村民实现和追求其自身合法利益的意识，这在为乡村经济社会发展带来巨大活力的同时也给乡村治理带来了一系列新问题、新矛盾。为此，要充分认清互联网技术运用在广大乡村普及的现实，借助网络技术在乡村基层协商民主实践过程中所具有的信息传递、平等交流及公开监督的作用，推进乡村公共事务"阳光公开"协商监督平台建设，加强村民对村级权力的协商监督，让乡村基层协商民主实践插上互联网的翅膀，这是乡村基层协商民主实践发展创新的技术基础。

第四节　实践基础

实践证明，村民自治制度作为适合我国乡村社会治理的一种民主实践取得了实质性的效果，并对乡村政治民主的发展发挥了不可替代的作用，为乡村基层协商民主创新发展提供了实践基础。

一　乡镇基层政府创新治理的现实需要

乡村基层协商民主实践的发展创新除了得益于党和政府的协商政策的支持鼓励之外，最主要的内生动力来自乡镇基层政府为解决治理在乡村振兴发展过程中出现新的问题和矛盾的现实需要。

改革开放40年来，"三农"问题受到更大的重视。随着市场经济发展，乡村社会分化已然是现实，村民的权益观念也得到了前所未有的强化。在乡村自治领域，乡村政治关系发生剧变，目前乡镇与村庄的管理关系虽然没有改革开放初期那么紧密，特别是国家免除了各种农业税费后，广大村庄与乡镇基层政府的管理关系变得越来越松散，更加自由和自主了，但乡镇政府和行政村上下级之间的行政管理关系却没有因此而完全割断，按国家相关文件政策的规定，乡镇政府部门的管理权责与村庄自治管理权责各有不同的边界。然而，由于中国特殊的国情，乡镇基层政府管理部门与行政村之间的管理关系往往密不可分，权责边界有时甚至很难完全划分清楚。

进入新时代以来，由于乡村经济社会的转型发展，乡镇基层政府部门在乡村事务的管理和决策中所面临的新的问题和矛盾层出不穷，由乡镇基层政府部门负责人直接决策或向上一级部门汇报请示后再由乡镇基层政府部门负责人作出的决策，在社会转型不断变化的背景下很可能脱离乡村基层的发展实际，无法反映甚至会损害乡村基层大多数村民群众的利益诉求。由于"乡政"与"村治"在治理中存在缺乏有效对接的治理体制机制的弊端，国家的乡村振兴政策措施在落地过程中出现了不同程度的阻滞，导致国家政策措施在落地时和村民群众利益诉求期望产生一定程度的偏差，特别是在涉及乡镇基层部门和村民切身利益等重大问题时，已经很难用政治和道德说教来弥合利益高度分化（某些时候表现为冲突）的村民群体。再加上由于社会上有些官员腐败等消极因素的影响而导致的乡镇基层政府部门的公信力在村民群众中下降等问题，依传统管理乡村路径制定的一些具体的政策措施在落实过程中很可能遭到乡村基层民众的质疑、批评、抵制，甚至引发上访、群体性事件等更为严重的社会治安问题。

在这种情况下，由于乡镇基层政府部门或者负责人是作出决策的唯一主体，依照"谁决策谁负责"的基本要求，乡镇政府部门或决策负责人很可能因此要承担全部的责任。比如，城镇化进程中所涉及的城郊村集体土地的征用拆迁，无论是用于商业还是用于公益，乡镇基层政府部门想用"大局观"来动员说服村民群众让出土地，几乎不起任何作用。唯一的办法和途径，是通过征用拆迁土地的政府部门或企业与被涉及拆迁的村民公开协商出合理的价格补偿来获得被拆迁征地村民的支持和同意。但问题恰恰在于，政府部门或企业征地拆迁补偿价格标准的统一性和被拆迁村民利益诉求的多样化之间存在着巨大的差异。政府部门或企业拆迁土地补偿价格标准无论多高，总会有一些涉及拆迁的村民因为其自身的利益诉求得不到满足而出现所谓的"钉子户"现象。征地拆迁价格补偿中的"钉子户"现象之所以出现，确实是因为我们国家的乡村治理体系还没有形成，没有一整套行之有效的治理政策措施来回应和处理新时代乡村社会出现的新问题和新矛盾。

党的十九大作出了我国当前的社会主要矛盾是人民日益增长的美好生活需要和不平衡不充分的发展之间的矛盾的新判断。然而，广大乡村基层干部对新时代乡村社会主要矛盾的处理仍然没有形成新的理念思维和治理方式，习惯于用"大局观"思维来动员、说服村民群众在利益方面作出"牺牲"。在出现新问题和新矛盾时习惯于一时一策、一事一议，用权宜之计来处理解决乡村社会出现的新问题与矛盾。结果是，解决的新问题越多，留下的矛盾和隐患就越大。而乡村基层协商民主实践则为乡镇基层政府和部门负责人在解决出现的新问题和新矛盾时提供了一条新思路和新视角。当某项决策指向的是彼此间存在较大利益冲突的村民群体时，乡村基层协商民主实践可以形成一种集体的民主压力，让支持该决策的村民群体去说服反对该政策的村民群体，即由村民群众自己协商解决。乡镇基层政府部门无须直接面对村民群众，而只需要构建村民群众协商平台。这样既避免了所有矛头指向乡镇基层政府和部门负责人，也避免了乡镇基层政府部门因强制推行某项政策可能产生的问题和矛盾而付出高昂代价。由于政策的决定是在村民群众参与前提下协商形成的，因此村民群众也将对该决策执行所出现的后果承担一部分责任，这就降低了由乡镇基层政府或部门负责人独自承担决策失败责任的风险。

从各地乡村基层协商民主实践探索成功的案例中可以看出，乡镇基层政府部门在面临如下几种情况时，乡镇基层政府部门负责人有充分动力运用协商民主方法进行决策：一是在领导管理层内部对某项政策落实执行发生重大分歧时；二是在村民群众不满意某项政策的落实而进行大规模抗议维权行动时；三是在地方领导碰到重大危机时；四是在地方领导希望通过制度创新获取职务升迁的资本时。① 从使用协商民主方法解决上述问题的最终结果来看，乡镇基层政府部门领导管理层通过让渡其自身的部分管理权力，用民意化解了矛盾，抵制了一部分村民不合理的利益诉求，稳定了乡村社会秩序，获得了村民群众的支持。在全面实现党的脱贫攻坚政策的关键时期，党和政府的力量仍然表现为乡镇政府管理权对行政村一级管理权的介入，自上而下的村民自治制度的推动等等，以此构建出一种人为的外生村庄新秩序，为乡村基层协商民主实践兴起、发展、创新提供了空间。

二 村民小组自治提供了协商的平台

1983年《关于实行政社分开建立乡政府的通知》下发后，农村逐步开展了政社分开改革。1984年人民公社改为乡镇政府，生产大队改为行政村，生产队相应地改为村民小组。村民小组是我国乡村最基层的自治单位，其规模大多与自然形成的村落相当，村民小组成了乡村最基本单位。即在乡镇级设立人民政府，在村级依法实行村民自治，政社分离，重新构建基层政权，重塑了政府和农民关系，实行"乡政村治"管理体制，中国乡村进入了"乡政村治"时期。一个行政村由若干个自然村构成，自然村即村民小组。村民小组作为村庄治理最小单元组织，村民有权对小组内部的各项公共事务和公益项目进行民主决策管理监督，从而实现村庄的良性发展。

我国自然村是一个在血缘和地缘基础上长期形成的村落共同体，是一个彼此相识的熟人社会，是村民共同生产、共同生活的场所，村民彼此之间都有一定的亲缘或血缘关系，传统的道德、伦理、习俗都是大家承认和遵从的。费孝通先生在《乡土中国》一书中指出：

> 乡村社会在地方性的限制下成了生于斯、死于斯的社会。常态的生活是终老是乡。假如一个村子里的人都这样的话，在人和人的

---

① 何包钢：《协商民主：理论、方法和实践》，中国社会科学出版社2008年版，第150页。

关系上也就发生了一种特色，每个孩子都是在人家眼中看着长大的，在孩子眼里周围的人也是从小看惯的。这是一个"熟悉"的社会，没有陌生人的社会。[①]

改革开放以来，传统自然村落共同体由于受市场经济冲击和各种文化的影响而逐步瓦解，村民群体的"原子化""个体化"特征日益明显。

随着城乡交流越来越频繁，乡村社会自然村落的血缘性和地缘性逐渐减弱，从"熟人"社会乡村向"半熟人"社会乡村演化，以自然村落为特征的村庄共同体正在大量瓦解，具有乡村地方特色的传统文化日渐消失，导致乡村传统的勤劳、朴素、踏实的人文价值衰落，逐步瓦解了以乡土情结和亲情关怀为纽带的朴素道德规范和邻里互助协作的文化传统，功利主义、拜金主义、诚信缺失、"搭便车"损人利己的行为随处可见，在一定程度上造成了乡村社会秩序的失范。而新的适应市场经济发展和乡村治理民主化要求的文化和观念还没有完全确立，过去约束村民"搭便车"损人利己行为的结构性力量解体，越来越多的村民为了他们的一己私利而学习"搭便车"行为。近年来，国家虽然向乡村输入了大量的资源，但并没有提高村民的自组织和协作能力，甚至国家在实施乡村振兴项目下乡过程中遇到了小部分村民趁机索要不当利益，其他村民争先效仿的"搭便车"行为，出现把国家改善乡村基础设施和村民生产生活基本条件项目的资源占为己有的现象。村庄自组织内部缺少约束村民"搭便车"行为的力量，村民"搭便车"行为泛滥蔓延的结果，不仅使村庄自组织内部为公共利益所进行的集体互助的行动陷入困境，而且国家要改善村庄村民生产生活条件建设项目的落地也遭遇村民"搭便车"行为的刁难。若没有重大利益对村民的驱动，若不是涉及村民切身利益的行动，已经很难用地缘血缘将不同自然村落的村民组织起来，将不同自然村的村民凝聚起来。

乡村传统文化和价值观虽然衰落了，但建立在自然村落之上的村民

---

① 费孝通：《乡土中国》，北京大学出版社2012年版，第13页。

小组仍然是一个保留着比较深厚的血缘和地缘关系的生活共同体，具有自治的传统和影响。传统的封建社会里实行的是以乡绅和宗族族长作为乡村社会精英负责的乡村社会治理的乡里制度。封建社会的乡绅和宗族势力虽然不是封建社会国家机器的一部分，而是属于民间的社会力量，是处于国家统治与乡村基层社会民众力量之间的中介和桥梁，除了帮助封建衙门从农民手中收取上缴"皇粮"外，还负责处理乡村社会民间纠纷矛盾和村内公共事务，村内公共事务一般由乡绅和宗族的长老协商解决。因此，封建社会传统的乡村在某种程度上处于自治状态。这种自治是"精英自治，自治权不是民权，而是族权和绅权"①。

我国现存的自然村虽然与封建时代完全以血缘为基础的自然村落不是同一概念，但大多数村民小组建制仍然是以传统自然村为基础，有的自然村就只有一个姓氏，也有几个姓氏共同组成，是由几大家族共同构成的社群，传统自然村落曾经是村民在日常生产、生活及社会交往中逐渐形成和自然选择的生产生活的主要场所，是最贴近农户的一个协商单元。村民小组内的大多数村民由于生产生活在同一空间，互相之间交往频繁，利益联结紧密，是一个真正的熟人社会，多数村民同根同族，文化同质性高，遇事能随时聚集起来，是自然形成的一个亲密社区概念群体，村民群体之间隔壁邻家地聚居生活在同一场域，有些村民还有共同祖先这样的血缘联系，彼此之间有着深厚的情感纽带和彼此之间的相互信任与默契。因文化情感相通，物质利益关系紧密，村民之间的归属感和认同感相对较强，彼此之间信任程度也较高，利益诉求不仅能够得到直接、真实的表达，而且因人数较少、参与成本低，要解决的公共事务与村民本身利益息息相关，村民参与的意愿相对强烈，效果也较好。

长期地共同群居于同一生活场域和耕作共有土地的经历加强了村民小组内部成员的社会边界和内部归属感，这种内部归属感是能够使村民们坐下来商量问题、展开讨论与协商的前提。如村民小组成员共同出资、出力重修家谱、村史、祖训、祖祠、文化广场，完成本村落村民最

---

① 陈明明：《革命后社会的政治与现代化》，上海辞书出版社 2002 年版，第 270 页。

大范围内公共议事和超越名利的集体行动，这是形成协商内生力量的前提。又如村民小组内部"承包集体土地"的协商，村民小组里的所有家庭在获得足够的土地以耕种这个问题上有着巨大的利益关系，并且村民从农业集体化时期分配"自留地"时就对土地分配非常熟悉了，尤其是改革开放40年来大部分家庭卷入了"承包集体土地"的再分配过程中，而这些集体土地再分配是村民小组内部成员经充分协商后集体决定的行动。

村民小组内成员之间协商处理村内公共事务这种互惠互信的合作态度和集体行为符合协商民主的平等、公正、参与和包容的基本价值诉求。因此，村民小组是一个乡村基层协商民主实践的内生组织，便于村民直接参加的协商议事平台，更能体现出乡村基层协商民主实践的群众性特征。国家颁布的《中华人民共和国村民委员会组织法》的相关规定，把村民小组规定为比村委会低一级的乡村自治单位，在土地承包经营权的调整、人口变动、村集体经济收益分配等方面是最基本的独立核算单位。美国学者乔舒·科恩曾指出："协商民主意味着一种事务受其成员的公共协商支配的共同体。"[1] 作为我国乡村基层最小单元的群众性自治组织，村民小组自治场域提供的是一种群体性协商平台，是乡村基层协商民主实践的内生天然场域。

乡村基层协商民主实践需要村民作为协商主体的民主"参与"。民主"参与"一词在各种文件和报告中被频频提到，但民主"参与"是以原子化家庭为单元的乡村基层协商民主实践中最大的突破难点。以自然村为基础的村民小组，虽然是一个由地缘、血缘基础连接起来的文化同质性较高的乡村小型村落共同体，但本质上还是一个个由原子化家庭组成的松散的共同体。虽然传统的乡规民俗由于积淀较深，因而对村民群体的价值理念和行为态度的影响较大，但村落共同体成员之间由于长时间缺乏公共生活和公共组织经验，村民主体意识和现代民主观念仍然较为欠缺，大多数村民基本上不具备民主参与协商的能力，在参与村庄公

---

[1] 转引自［美］詹姆斯·博曼、威廉·雷吉编《协商民主：论理性与政治》，陈家刚等译，中央编译出版社2006年版，第50页。

共事务协商过程中显得理性不足、情感有余，随大流和"搭便车"现象较为明显，原子化家庭单元的自然村，需要大范围村民共同认同的事件来重塑参与公共生活和公共组织的路径。因此，超越名利的认同和参与是实现最大范围共识的途径。而自然村文化同质性较高，协商场景较为浓厚，协商机制较易整合，协商共识易于达成。因此，自然村内的村民首先基于文化认同的集体参与，进而延伸到自然村成员共同组织商讨村庄发展规划，共同协商村庄外来力量的协作，共同抵制不利于村庄发展的不良风气，共同感知村庄发展过程中的自豪，共同获得村庄发展带来的经验与成长，这是乡村基层协商民主实践内生动力形成的关键。

乡村基层协商民主的本质是村民协商认知与能力的提升，村民小组内公共事务的协商实践，在一定程度上改变了乡村基层"精英"对协商议题的主宰，最大限度地保障了村民以协商主体身份参与商议与其自身利益相关的村庄事务的决策，有助于提升乡村基层协商民主实践的群众性基础，克服传统乡村熟人社会政治参与中简单盲从和"搭便车"意识与非理性的集体意识，使村民在协商议事过程中经过反复交流和不断沟通，最终达成理性共识，实现自主服务、自主教育和自主监督，从而真正体现协商于民的社会主义基层协商民主的本质。"像村民小组这样的小群体自治单元，更容易以民主的方式协商解决问题和达成共识，是所有人能够直接参与且参与效果良好的单元。"[1] 2014—2018 年，中央"一号文件"明确提出，要"开展以村民小组或自然村为基本单元的村民自治试点"。目前不少乡村基层协商组织借助于自然村内部原有规范秩序和良好的信任关系资源，吸收具有道德威望的老党员、老干部、老教师、家族代表及致富能人作为协商主体参与村公共事务协商。自然村共同体资源作为一种非正式协商规范和协商网络，能够营造出一种乡村基层协商民主实践的协商文化气氛，并为乡村基层协商民主实践提供有序的运行机制。

---

[1] 邓大才：《中国农村村民自治基本单元的选择：历史经验与理论建构》，《学习与探索》2016 年第 4 期。

文明的起源需要具备一些基本的品质，如善良、邻里互助、公正、勇敢、宽容、耐心、坦诚等。没有这些基本品质，即使有再多财富、再辉煌的文化，文明也会衰落。作为文明精华内容的这些美好品质，既不是天生的，也不是商业化和政治生活的产物，而是在家庭和小社群那种亲密友好的环境中培养出来的。①

因此，以自然村为基础的村民小组自治为乡村基层协商民主实践提供了协商平台与协商主体。

总而言之，中国乡村基层协商民主就是在中国特色民主制度、乡村社会管理制度体制变革、社会结构分化、村民分层、物质技术条件、村民小组自治实践成效基础上不断发展和创新的。

---

① Arthur E. Morgan, *The Small Community*; *Foundation of Democratic Life*, New Jersey; Transaction Publishers, 2013, p. 6.

中篇　模型与优化

第三章
系统观念与活系统模型

我们所处的新时代正经历着我国历史上最为广泛而深刻的社会变革，也正进行着人类历史上最为宏大而独特的现代化理论与实践创新。党的十八大以来，以习近平同志为核心的党中央统筹中华民族伟大复兴战略全局和世界百年未有之大变局，以前瞻性思考、全局性谋划、战略性布局、整体性推进的系统观念，提出了一系列新理念新思想新战略。习近平总书记提出："面对国内国际两个大系统及其之间的复杂关系，完整、准确、全面贯彻新发展理念，必须坚持系统观念。"[1] 系统观念是具有基础性的思想和工作方法，也是我国经济社会发展必须遵循的一个重要原则。

第一节 系统观念

在当前的学术文献中，从系统思想、系统思维、系统思考到系统观念，尽管翻译或表述有所不同，但都是把系统学原理与思维学原理结合起来考察，把思维对象作为系统来识物想事的思维方式，把大脑思维活动作为系统来规范和运作的方式。[2] 当今世界之所以如此需要和重视系统思维或系统观念，不仅是因为我们处于一个"不可预测性、非线性、

---

[1] 习近平：《全党必须完整、准确、全面贯彻新发展理念》，《求是》2022年第16期。
[2] 苗东升：《系统思维与复杂性研究》，《系统辩证学学报》2004年第1期。

多重反馈循环动态系统主导下的世界"①，也是因为"近代机械还原论思想和方法论已不足以应对和解决人类社会的复杂性问题"②。

系统观念是我们力图回答时代和实践提出的重大问题的一种科学方法论，它是以系统整体论为理论基础、以系统方法论为核心、以解决复杂系统问题为导向的一种应用系统思维范式，特别是它所蕴含的系统性思维、辩证协同性思维、适应性创新思维等思维方式，为我们深刻认识新时代我国乡村振兴所面临的问题的复杂性、深入贯彻新发展理念，为我们准确把握中国式现代化进程中乡村存在的深层次矛盾的多元辩证性、推动高质量发展，为我们深入推进和美乡村建设和创新发展，提供了科学方法论遵循，是具有中国特色的系统科学方法论，具有重要的实践意义。

一　系统性思维

长期以来，人们在认识自然界的奥秘和客观世界的发展规律过程中，形成了还原论和整体论两种方法论。还原论认为，现实世界的本质是简单性的，强调整体是部分的总和。因此，对复杂事物的认识，应该从部分开始，通过将复杂事物分解为简单的部分，然后从部分认识整体。传统的整体论则认为，宇宙万物是复杂性的，强调局部决定于整体。因此，应该从整体开始，了解部分与整体的关系，才能认识事物的复杂性。中华传统文化中的整体论认为，在整体与部分的关系上应立足整体，从整体看局部，强调下向因果关系，强调整体对局部的产生和决定作用。同时又主张在主客体的统一中把握整体，因此，人与自然不是处在主客对立中，而是处在统一整体中，二者具有同构性，表现为"天人合一，万物一体"的理念。

随着科学技术的发展，许多科学家越来越意识到他们不得不面对一

---

① Peter M. Senge, Nelda Cambron-Mccabe, Timothy Lucas, Bryan Smith, Janis Dutton, "Schools That Learn: A Fifth Discipline Fieldbook for Educators, Parents and Everyone Who Cares About Education", *Crown Business*, 2000, p. 62.

② 范冬萍、黄键:《当代系统观念与系统科学方法论的发展》,《自然辩证法研究》2021年第11期。

个似乎令他们窘困的事实:"整体真的可以大于部分相加的总和。除了简单的物理系统外,世界上几乎所有的事情、所有的人都被裹罩在一张充满刺激、限制和相互关系的巨大的非线性大网之中。"① 正是这种整体与部分之间关系的难题促使奥地利生物学家贝塔朗菲(Ludwig von Bertalanffy)提出,"我们被迫在一切知识领域中运用'整体',或'系统'概念来处理复杂性问题"②,开创了研究系统整体性的系统科学。贝塔朗菲认为,组合性特征就是依赖于整体内部特定关系的那些特征。因此,我们不仅必须知道部分,而且必须知道关系,才能理解这样的特征。

系统科学的发展揭示了事物之所以具有整体性,最重要的是因为作为组成部分的要素之间的相互作用,即要素之间的非线性关系,而不是作为实体的组成部分。非线性关系在系统存在与演化中也起到了关键性作用。因此,科学家越来越意识到,仅仅从部分认识整体是有局限的。要真正认识和解决"人类究竟是如何认识和处理复杂性的"这个难题,需要一种"超越还原论"的新方法论。"系统研究的发展已形成了区别于还原论又与还原论相互补充的关于系统整体的基本概念、基本原理、基本思想和基本方法论,即一种系统整体论。"③

整体性是系统科学及其哲学思想的最基本概念,系统整体论是系统观念的理论基础。系统整体论强调,正是组成系统的要素之间既相互区分又相互作用的关系,形成了能够与其环境相区别的系统边界,系统在演化中生成了组成要素所不具有的新的整体性质、功能、行为和规律,而且往往不能仅根据要素的性质和行为进行解释和预测。因此,我们在认识和处理复杂系统问题时,需要特别强调把握系统的非线性关系,即需要形成一种系统性(systemhood)思维。系统性思维是与事物性(thinghood)思维相区别的一种整体性思维。事物性思维更多关注的是

---

① M. M. Waldrop, *Complexity: The Emerging Science at the Edge of Order and Chaos*, New York: Touchstone, 1992, pp. 64 – 65.

② L. V. Bertalanffy, *General System Theory: Foundations, Development, Applications*, New York: George Braziller, 1968, p. 5.

③ 颜泽贤、范冬萍、张华夏:《系统科学导论——复杂性探索》,人民出版社2006年版,第36页。

事物作为一个实体之间的差别,关注整体中组成部分及其具有的实体性和独立性,因而经常表现为以一种孤立和部分的视角看问题,以一种机械的方式解决问题。而系统性思维关注的主要是所有具体事物作为"系统"所共有的、独立于要素实体的相互关系,即如前所述的"非线性关系"。可见,这两种思维方式强调了系统的两个不同方面。系统性思维不是要完全抛弃对事物性的认识,而是认为"关系"比"实体"对于我们认识一个作为系统的整体更加重要。系统性思维强调我们在理解和解决复杂系统问题时,应该从整体的层面分析和把握系统要素之间的关系、系统要素与系统整体之间的关系、系统与环境之间的关系。

系统性思维对于我们理解和把握我国正在进行的社会变革过程中所面临的问题的复杂性,以及应对这种复杂性挑战的新发展理念具有重要的方法论意义。可见,运用系统性思维,有助于提高战略思维能力,让我们能够更好地把握复杂事物或实践问题的整体性以及系统的关键性关系,从而在实践中统筹各种关系,协同发力,产生集成性的系统效益。

二 辩证协同性思维

系统如何从无序演化到有序,如何从低有序状态演化到高有序状态是系统科学研究的重要内容。比利时学者普利高津(Ilya Prigogine)为了解决这一问题,提出了系统自组织演化的耗散结构理论。他认为,自组织现象是作为一个崭新的科学范式出现的,它使人们可以设想出复杂性如何在自然中出现,以及在何种程度上被加以探索研究。系统的非线性关系是一个系统具有整体性的关键。耗散结构理论和协同学理论则进一步揭示了系统内部要素之间的非线性关系是系统演化的动力,非线性关系往往表现为一种"互斥即互补"的辩证关系,例如封闭性与开放性、自组织与他组织、确定性与随机性、竞争性与协同性关系,并且在系统自组织演化的"混沌边缘"表现得特别突出。例如,作为宏观变量的序参量来源于系统要素之间的非线性作用,是一种自下而上的因果作用的结果。同时,序参量又对微观的系统要素的行为具有役使作用,发挥着一种自上而下的因果作用。序参量与要素之间这种复杂的辩证因果关系，是决定系统从无序向有序演化的内在动力。

许多著名的科学家认为，系统思想与中华传统文化中的辩证思想具有内在的契合性。例如，量子物理学家玻尔（Niels Bohr）将太极图用在家族族徽的设计上，在这个族徽上还写了一句拉丁文：Contrariasunt Complementa，其意思就是"对立者是相互补允的"（Contrary is complementary）。普利高津认为："耗散结构理论对自然界的描述非常接近中国关于自然界中的自组织与和谐的传统观点。"① 著名物理学家赫尔曼·哈肯（Hermann Haken）则认为："协同学含有中国基本思维的一些特点。事实上对自然的整体理解是中国哲学的一个核心部分。"② 中华优秀传统文化源远流长、博大精深，是中华文明的智慧结晶。在中国传统整体论中，"互斥即互补"是一个非常显著和独特的思想。例如，在阴阳五行学说中，阴阳对立与统一的辩证关系是根本性的。在中华传统文化中，世界上几乎所有二元对立统一的现象都可以泛化为阴阳的关系。《道德经》中充满"万物负阴而抱阳，冲气以为和""祸兮福之所倚，福兮祸之所伏""无为而无不为"等辩证思想。王夫之认为，"方动即静，方静旋动；静即含动，动不舍静""天地之气，恒生于动，而不生于静"，表达了动与静、变与常之间互斥互补的辩证关系。因此，阴与阳、有与无、盈与缺、福与祸都是相互对立、相互排斥的关系，同时又都是阐明复杂现象所共同需要的，两者互为补充，从而构成事物的整体。"互斥即互补"的辩证关系使世界万物表现为一种动态的相互转化、相互协同的系统性关系。

我国系统科学的主要开创者钱学森先生非常重视系统科学中所蕴含的辩证哲学思想。他把用系统的观点去研究整个客观世界（包括人自己在内的）的科学称为"系统科学"，系统科学的最高概括为哲学性质的"系统论"，系统论则是全部人类知识最高概括的马克思主义哲学的一块基石。③

---

① ［比利时］普里戈金（普利高津）：《从存在到演化》，沈小峰等译，北京大学出版社 2007 年版，第 3 页。

② ［德］H. 哈肯：《协同学——自然成功的奥秘》，戴鸣钟译，上海科学普及出版社 1988 年版，第 1 页。

③ 姜璐：《钱学森论系统科学（书信篇）》，科学出版社 2012 年版，第 34 页。

控制科学家郭雷认为，19世纪，马克思和恩格斯在黑格尔和费尔巴哈等西方传统哲学基础上创立了唯物辩证法，他们在社会和自然系统研究中大量运用了系统思想和方法，揭示了生产力与生产关系的矛盾运动是人类社会发展的基本规律。马克思的《资本论》研究了资本主义体系内在逻辑矛盾和发展规律，恩格斯的《自然辩证法》为系统论发展奠定了基础。可以说，马克思和恩格斯都是系统科学的先驱。①

恩格斯辩证法思想与当代系统科学哲学的一些概念和思想有着内在一致性。恩格斯在思考自然界及其发展历史、自然科学及其分支科学之间的关系时表现出一种整体性与层次性的辩证思维；在描绘自然界自我运动和演化的辩证图景时，提出了物质运动不灭思想，强调事物转化的内在能力，而这正是系统自组织演化机制的一个核心思想。用恩格斯的质量互变规律可理解自组织临界性和复杂性突现的另一种表现。② 系统科学丰富和发展了辩证法思想，系统观念可以说是唯物辩证法在当代的一个新发展。系统观念的辩证协同思维对于我们准确把握中国式农业农村现代化进程中所存在的深层次矛盾、推动高质量发展具有重要的方法论指导作用。

改革开放和社会主义农村现代化建设取得了伟大成就，同时也存在着一系列长期积累及新出现的突出矛盾和问题，存在着各种需要协商解决的重大关系。要回答和解决这些重大关系和实践中的矛盾，我们首先要注意克服简单化的线性思维、局部机械化的分析思维，同时要吸收中华传统文化中的"互斥即互补"的辩证思想。然后，以辩证协同性思维准确把握各种对立统一关系，以协商方式解决突出问题。要以辩证系统性思维将总目标看成是一个动态演化的系统，要将历史、现实和未来之间的关系视为一种非线性的动态关系。在前瞻性思考和整体性推进中，掌握演化过程的不确定性，识别"混沌边缘"可能产生的新机遇，在稳中求变，在变中求新，才能真正做到全局和局部相配套、协商渐进和重

---

① 郭雷：《系统学是什么》，《系统科学与数学》2016年第3期。
② 范冬萍、韩滨宇：《从复杂性科学看恩格斯的系统辩证法思想——纪念恩格斯诞辰200周年》，《自然辩证法通讯》2020年第12期。

点突破相统一，处理好改革、发展、稳定之间的关系，从而推进中国式农业农村现代化行稳致远。

三 适应性创新思维

20世纪90年代以来，以计算机模拟方法研究复杂适应系统的突现现象，形成了关于复杂性如何产生的理论，为系统观念提供了新的理论基础。复杂适应系统的最基本的特征是：它们由大量不同要素聚集而成，而这些要素是具有适应性的主体。正是适应性主体之间相互适应性的关系，产生了新的适应性主体，每一个新主体之间又进一步产生相互适应性关系，这种相互约束、相互生成的关系会在某个临界点（混沌边缘）突现产生出某种新的性质或新的事物。在系统突现的过程中，科学家们发现：系统复杂性的产生对于系统的初始条件具有极大的敏感性，对于环境的开放性、系统的历史条件、演化路径等具有极大的依赖性，可以概括为一种复杂系统的条件依赖性的定律（Condition-dependent laws）。[①]

因此，根据复杂系统突现的有关理论，我们在理解和处理现实的复杂系统问题时，首先要有一种动态生成论的观点，即在发展过程中新的有序性或新的整体性会不断出现，并且具有不可预测性，即突现性；其次要有历史性和约束性思维，要认识到新事物的生成依赖于其初始条件、历史路径，依赖于系统与环境的开放性等约束条件；最后，相互约束的适应性是生成新性质和新整体的内在机制。

系统科学所揭示的复杂性生成理论与中华传统文化所蕴含的"生成论"思想具有内在一致性。中华文化具有素朴的生成论思想，例如，《道德经》中的道生万物，突出了"生"的思想。"生生之谓易""道生一，一生二，二生三，三生万物"等思想，揭示了整个世界乃是"生生不已""大化流行"的动态有机整体。这种生成论思想和当代复杂系统的突现理论为我们理解和解决诸如乡村社会生态系统的可持续发展这类

[①] Cliff Hooker, "Introduction to Philosophy of Complex Systems", in Cliff Hooker (ed.), *Philosophy of Complex Systems*, Amsterdam: North Holland, 2011.

包含人类价值的复杂系统问题提供了一种方法论：适应性创新的思维。

在新时代，唯有坚持系统观念、践行新发展理念，才能更好地破解乡村发展难题、增强其发展活力、厚植其发展优势。因此，乡村治理与乡村振兴要求我们必须提高辩证思维和系统思维能力，要求我们以开放性思维、适应性创新思维的系统观念，认真对待并处理好乡村发展过程中的难题，深入推进协商治理能力。要将各种协商主体和治理要素在相互约束和相互促进的过程中形成他们自己内在的自组织发展机制，并与外在环境形成一种适应性机制，构建出一种多元协同发展的系统格局。因此，只有用好适应性创新思维的系统观念，我们才能够更好地推进乡村建设，服务国家战略。

第二节 活系统模型

马克思认为，"每一个社会中的生产关系都形成一个统一的整体"①，社会是一个均衡的、有序的和整合的系统，社会系统中的每个环节都无法割裂，"每一部分都对系统整体的生存、均衡与整合发挥着必不可少的作用"②；"马克思的社会结构整体性思想蕴含了社会结构内在统一及社会结构与过程相协调的系统论思维"③。活系统理论（viable system）就是这样一种系统思维，它所倡导的"整体结构代表一种优化平衡的整体系统方法方向，体现系统的功能和结构之间的辩证关系，在整体优化的过程中，系统寻求达到或接近最佳的整体功能和行为，以适应环境的变化"④。因此，活系统能有效提高各类组织和系统对外界环境适应以及

---

① 《马克思恩格斯文集》第1卷，人民出版社2009年版，第603页。
② Talcott Parsons, "The Position of Sociological Theory", *American Sociological Review*, 1948, Vol. 13, No. 2, pp. 156–171.
③ 蔡青竹：《马克思社会结构理论视阈下的国家治理体系》，《科学社会主义》2016年第2期。
④ 张君弟：《斯塔福德·比尔"活系统"思想探析》，《自然辩证法研究》2016年第3期。

独立存活的能力,"能从重复的经验中学习,能不断适应完全超出自己预测、设计变化的环境"[1]。特别是,它强调"元系统与它所依赖的基层操作单元的平衡"[2],鼓励基层操作单元按照元系统的价值理念,根据环境条件的不断变化进行自主管理、自主协同与自主创新,因而被称作"管理思想哥白尼式的革命"[3]。

一 活系统思想及其理论

20世纪60年代,随着第二次世界大战后管理的复杂性不断提高,旨在解决可知简单系统的运筹学逐渐面临着困境。系统管理和控制论专家比尔转向控制论以寻求解决方案,他跨越管理学、生物学以及系统学等诸多学科,运用多样性设计,以人脑对人体肌肉和器官运行控制机制为基础,首创的活系统(Viable System)思想,能提高各类组织和系统对外界环境适应以及独立存活的能力,是系统科学在管理领域的一个重要发展。

(一)"活系统"思想的本质

在自然界,神经控制系统是所有物种中最高级的"智能系统",比尔认为,受神经系统控制的人体是所有系统中最丰富和最易适应的活系统。用人脑对人体肌肉和器官运行的控制机制类比研究复杂系统问题,是较好的选择。"认识组织(或企业)的特征可以有多种方式,如法律、经济以及金融等等。而从控制论角度看,最有用的组织特征是将它看作能存活的系统,即活系统。"[4] 活系统是能主动适应某种特定的外界环境并独立存活的系统。一架飞机要依靠外部力量为它加油、给它保养维修才能行驶,而一只老虎则能独立生存,所以老虎是活系统,而飞机不是活系统。活系统描绘了"组织与管理"与"人脑和功能"之间的一致

---

[1] Stafford Beer, *The Heart of Enterprise*, Chichester: John Wiley, 1994, p.256.

[2] 张君弟:《斯塔福德·比尔"活系统"思想探析》,《自然辩证法研究》2016年第3期。

[3] 1986年1月,在英国曼彻斯特商学院举行的VSM研讨会上,与会学者将比尔的活系统思想看作"管理思想哥白尼式的革命"。

[4] Stafford Beer, *The Heart of Enterprise*, Chichester: John Wiley, 1994, p.113.

性，用它可以理解任何类似人体与神经系统运转的活系统。

"活系统的本质特征是什么？"就是活系统有能力对系统设计中没有预期的刺激作出反应。活系统能从重复的经验中学习，即找到对刺激最理想的反应。活系统实现了成长，它可以通过再生更新自身。它们能够不断适应完全超出自己预测、设计变化的环境，实现最大可能的存活性。[①]

活系统的存活性以艾什比提出的必要多样性定律为根本："只有多样性可以摧毁多样性"（only variety can destroy variety）[②]，一个系统保持活力，要拥有它所面临的复杂环境所必需的必要多样性。比尔对此作了更易于理解的转换："多样性吸收多样性"（variety absorbs variety）[③]，即组织管理控制系统的监管机构（规则器）必须体现出相当于该系统的多样性变化的多样性变化。

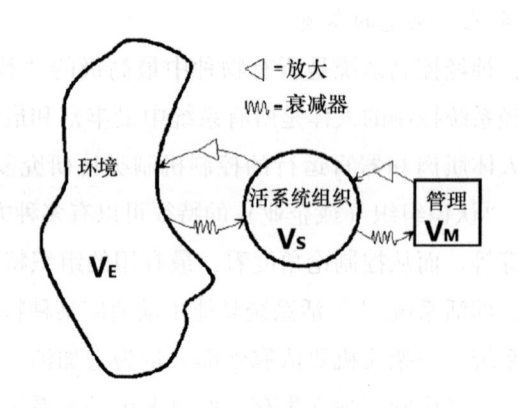

图 3.1　管理复杂性模型

如图 3.1 所示，活系统要保持存活性，就必须满足：$V_M \geq V_S \geq$

---

① Stafford Beer, *The Heart of Enterprise*, Chichester: John Wiley, 1994, p.256.
② William Ross Ashby, *An Introduction to Cybernetics*, London: Chapman & Hall, 1956, p.207.
③ Stafford Beer, *The Heart of Enterprise*, London and New York: John Wiley, 1979, p.286.

V_E。而现实的情况是：$V_E \geq V_S \geq V_M$。这是因为管理、组织和环境三者的复杂性大不相同，环境的状态量 V_M 远高于组织的状态量 V_S，而 V_S 又高于管理的状态量 V_M。根据艾什比法则，对于这样的状态量结果，管理根本不能实现对组织的控制，组织也无法在变化的环境中生存。多样性设计实际上为系统提供了一种确保存活进行随机控制的手段。"系统的管理制度具有的多样性应努力与环境多样性接近相等，管理制度的设计要实现外部环境对组织及其管理带来的危害达到最小。"[①] 活系统思想认为，组织既有对状态量衰减的作用，也有对状态量放大的作用，保证组织具有活力的关键，是对组织状态量的衰减和放大功能的合理设计。

活系统思想以"整合"的方式处理复杂性，强调存活性组织要具有优化的整体结构，对以往组织管理理论最大的超越体现在它具有"存活"的本质特征，它打破从上至下的层级管控，实现基层自主管理的目标。在传统的组织管理中，均衡、稳定是考虑的重要因素。管理者制定严格的管理条例，为每个部门、单位或个人指明了具体的工作，然而，面对环境条件的不断变化，这种缺少存活性组织的局限性就愈加明显地不适应环境变化。

（二）"活系统"思想的应用：VSM 模型

基于活系统思想，比尔将有机体组织存活特征移植到组织的管理结构之中，并最终提出 VSM（Viable System Model）模型。如图 3.2 所示，通过对人体交感神经系统、副交感神经系统、基脑、神经中枢以及大脑皮层的类比，比尔建构了包含五个层级的控制系统模型。图 3.3 由图 3.2 抽象得到，这里，"系统 1"（即操作系统）是一个较大的组织，它至少由四个附属组成，标记为 1A、1B、1C、1D，类比于人体的胳膊、腿、心脏、肾脏等子系统。即使没有大脑的指挥，这些子系统也可以在一定程度上控制其自身，如心脏跳动偶然加快或减慢，可以不必理会它，因为通过反射作用给脊椎骨，心脏能找到其自身适应的状态，形成

---

① Stafford Beer, *Diagnosing the System for Organization*, London and New York: John Wiley & Sons, 1985, p. 38.

"自治"。大型公司中的子公司也具有这样的特征，它们在系统内行动，彼此提供信息与能量，如图3.2中所示的直线、箭头所代表的循环。"系统2"（即协调系统），相当于神经系统交感神经，将"系统1""系统2"与"系统3"联系在一起，并努力抑制破坏子公司之间相互作用的因素。"系统3"（即运行控制系统）由一组企业生产的运筹学模型组成，负责对"系统1"和"系统2"出现的波动作出反应，比如重新分配资源等等。"系统4"（即开发系统），作为面向较高级管理决策环境，它负责收集和显示来自较低系统与外界世界的信息，形成对这些信息进行评估、判断的场所，为高层提供对未来发展、决策进行分析的方案。当然，即便没有重大决策需要作出，"系统4"也是高层会聚的地方。"系统5"（即政策系统）定位于最高级管理人员，它需要与"系统4"以"相互否决同态调节"的谈判形式对企业的未来发展作出决定。

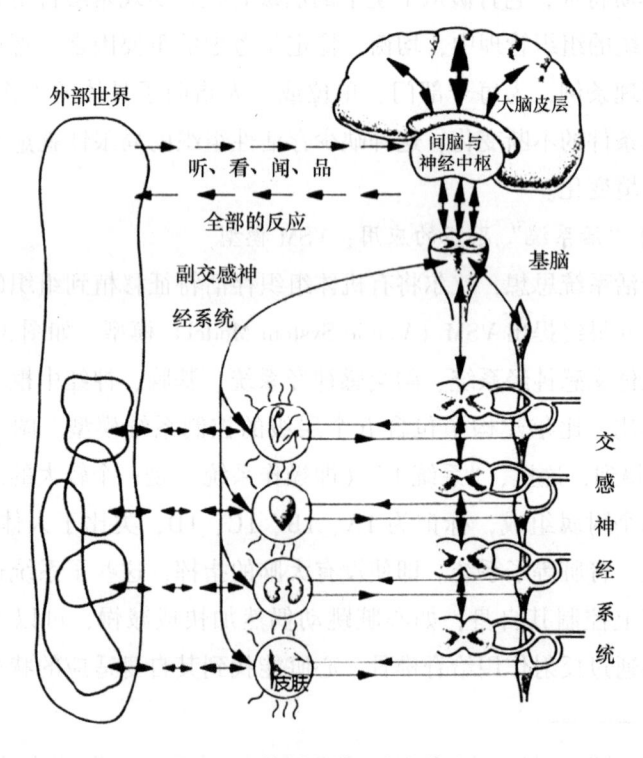

图3.2 控制系统：在人体中

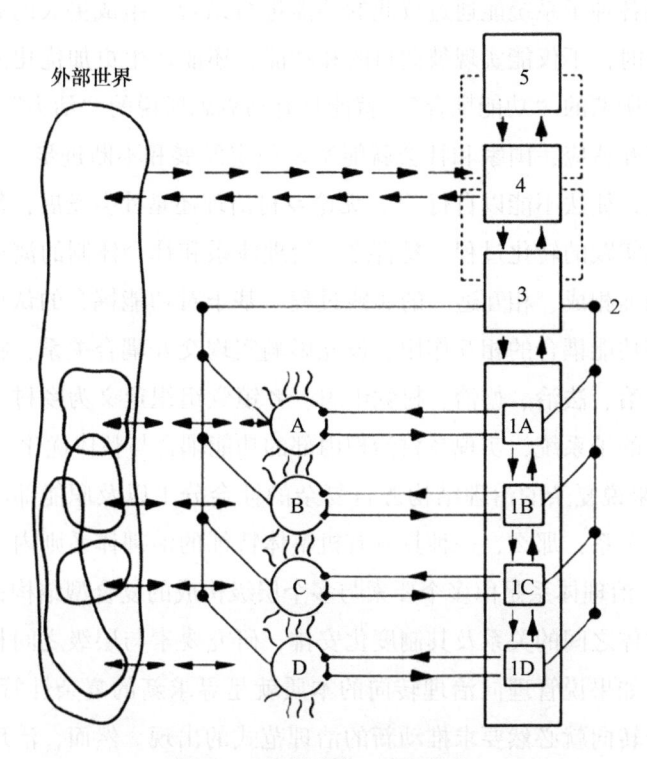

图 3.3 控制系统：在企业中

资料来源：Stafford Beer, *Brain of the Firm* (2nd ed), New York: Wiley, 1981, p.131.

在 VSM 模型中，五个子系统既要发挥各自的功能，又要与其他子系统组成更大的功能系统。操作系统、协调系统和运行控制系统组成"自主管理系统"，负责组织日常运营管理；协调系统、运行控制系统、开发系统和政策系统组成"元系统"，负责进行分析与决策。VSM 模型的应用体现在它能对任何社会组织系统进行诊断和设计，为组织系统辨明它的身份以及算出它合适的递归级别，对每个递归级别应遵守的控制论原理进行分析。

二 功能耦合

从系统论来看，各种元素和结构可以看作既独立又与其他相关的子系统，当各种子系统能通过彼此的功能进行结合，组成更大的有机、稳态的系统时，不仅能实现彼此目的和功能，还能产生更加优化的结构和功能，即所谓的"功能耦合"，就能具有马克思所说的"活力"。若各子系统能相互适应，国家和社会就能实现稳定发展和不断进步。"徒善不足以为政，徒法不能以自行"[1]，无论乡村治理还是社会发展，都是人类从认知向实践的转化过程，易言之，治理体系和社会体制的演进就是各子系统相辅相成、相互适应的实践过程。基于对功能耦合的认识，通过各子系统功能耦合的相互作用、彼此影响实现交互耦合关系，将乡村治理中的自治、法治、德治、村党组织、乡镇党组织定义为乡村基层协商治理体系的子系统，实现乡村治理内部的功能耦合与整体优化。

"如果说复杂的治理结构源自复杂的社会分工以及职能部门之间的功能互补关系，那么，一种具有有机整体特征的治理体系则内在地要求出场。"[2] 治理体系是由多个要素与多个层级构成的复合型结构，需要仔细考察主体之间的关系及其制度化安排，研究要素与层级之间相互的互动模式。如果说管理向治理转向的本质就是寻求新的复杂性管理框架，那么这个转向就必然要求推动新的治理范式的出现。然而，治理"并不是简单的、直接的、完整的反映，而是一系列的抽象过程"[3]。要完成党的十九大提出的从 2020 年到 2035 年"现代社会治理格局基本形成"[4] 这一重要历史任务，为 21 世纪中叶将中国建成富强、民主、文明、和谐、美丽的社会主义现代化强国奠定基础，乡村治理是其中重要一环，如何科学、系统地建构乡村治理体系以及乡村基层协商治理体系需要认真加以对待。基于系统思考，以治理体系的本质为出发点，乡村基层协商治理体系必然以复杂适应系统为根本，我们需要充分考虑各个治理环节、元素的功能耦合，并对它们进行科学、有机的总体设计。

---

[1] 南怀瑾：《孟子·离娄篇上卷》，东方出版社 2014 年版，第 33 页。
[2] 张君弟：《基于 VSM 模型的国家治理体系整体性建构研究》，《系统科学学报》2016 年第 4 期。
[3] 《列宁全集》第 55 卷，人民出版社 2017 年版，第 152 页。
[4] 习近平：《决胜全面建成小康社会　夺取新时代中国特色社会主义伟大胜利——在中国共产党第十九次全国代表大会上的报告》，人民出版社 2017 年版，第 28 页。

三　活系统模型与乡村协商治理的结合

VSM 模型由管理、组织与环境三个部分组成，管理和组织代表着管理系统与操作系统，各个子系统不能彼此分开，也不是机械简单的分工，而是有着紧密的相互联系与作用，它们必须作为整体进行相互作用，是一个有机的整体，整个调节过程旨在确保系统的存在和发展。VSM 模型的子系统之间存在着相互作用、相互约束、彼此影响，它们通过各自的功能相互改变对方的状态及行为路线或行为方式。通过交换物质、交换能量或者交换信息，VSM 模型子系统之间完成相互作用。"它限制了系统的变化，限制了元素的自由度和随机性，把它们约束在一定的时间、空间和形态范围里，从而形成某种稳定的结构模式与构型，并与其他系统或环境区别开来。这种约束就是优化。"[1] VSM 模型为组织管理研究和实践提供了一个观察整体行为的系统形式，它以整合各个子系统的方式管理复杂 VSM 模型，为组织管理研究和实践提供了一个观察整体行为的系统形式，它以整合各个子系统的方式管理复杂性，以系统思考为根本，从系统和要素、要素和要素、系统和环境的相互联系、相互作用中综合地考察管理对象。如果我们将系统看作一组动态相互作用的元素组合，那么，我们就必须认识到，这个系统代表的是一个不可分成部分的整体，否则其本质属性就会出现缺失。在一个系统中，这些本质属性属于作为整体存在的系统，任何一部分都不能拥有它们。因此，一旦对系统进行分割、将其分离成部分，那么，它们就不再具有整个系统的属性和功能。

不仅 VSM 模型的整体是一个活系统，而且每一个子系统都是活系统，都具有改变"心智模式"、进行自主学习的能力。特别要指出的是，VSM 模型自主性的一个明显特征是操作系统的每个基本操作单元都是活系统，它本身具有独立的生存能力和适应能力，因此它本身具有自主性，也应该给予基本操作单元以足够的自主性。为了保障自主性和整体

---

[1] 张君弟：《斯塔福德·比尔"活系统"思想探析》，《自然辩证法研究》2016 年第 3 期。

性，VSM 模型引入递归设计，目的是避免强制性结构所造成的权威管理，递归的实施是通过功能实现管理，实现足够的自治和授权，激发自主性以应对内部和外部环境的变化和各种突发事件，并加以迅速处理和解决。虽然为了维护整体，存在着各种调节和控制的限制条件，但是各组成部分在限制条件之内拥有绝对的独立性，能够充分发挥其自身的各种能动性以及功能。

进入新时代，乡村治理已经不仅仅是传统组织或管理科学只注重稳定存在的模式，面对复杂性越来越高的环境，乡村治理必将更多地与发展、学习及转变相关，从某种程度上讲，发展、创新驱动和有活力才是重要和有意义的优先考虑。基于这一认知，我们以 VSM 模型为基础，从结构功能角度对乡村治理体系进行优化，将基层组织和个体的自主权、社会的民主协商权与政治领导权和谐有机地统一起来，将自治、法治、德治、基层党组织作为子系统，通过功能耦合达到整体优化，实现乡村基层协商治理的具体化、系统化与协同化，革新传统僵化封闭的制度惯性，打破从上至下的层级管控，以优化的整体结构保障我国乡村的不断发展，这不仅有助于乡村治理的整体优化与乡村内部协同的实现，还将进一步提升乡村治理能力的现代化。

第四章
乡村基层协商治理体系的优化

"自治、法治、德治"相结合是我国乡村治理现代化的目标。2014年党的十八届四中全会强调"推进基层治理法治化"以来，乡村法治进程加快，乡村德治引领更加突出，乡村管理逐步转变为乡村治理，"德法共治"的乡村治理被纳入规范化轨道，乡村自治逐步嵌入德治与法治治理框架之中，治理理念由"治民"转为"民治"，由单一乡村治理方式转为三治组合型治理方式的条件已经成熟，新时代"以人民为中心"的治理理念鲜明地内含于"三治一体"乡村治理体系的生成逻辑之中。

第一节 乡村基层协商治理

随着新科技、新媒体与新经济发展的日新月异，乡村社会个体或社会群体间价值多元与利益冲突日益显现，阶层矛盾或社会阶层分化日趋明显，乡村基层治理正变得日益复杂，传统的村民自治形式已愈加捉襟见肘。问题倒逼改革，我国乡村社会管理的转型正悄然发生着。乡村社会管理方式正逐步由政府主导的自上而下、单向层级管理的单一方式，转向由各个治理子系统之间协同与配合的有机整体治理，建立一种面向复杂、内部协同整合的新型乡村治理体系已然成为治国理政的应有之义。治国理政理念与方式的时代转向，既是对复杂的乡村社会治理发展趋势的积极回应，也是与新常态下乡村社会管理自我革新的高度契合。

一　管理向治理的时代转向

库伊曼（J. Kooiman）和范·弗利埃特（M. VanVliet）认为，治理是一种复杂性互动过程，"它所要创造的秩序或结构并不由外部强加；它所要发挥的作用，需要依靠多种进行统治的并相互影响的行动者进行互动。"① 随后，学界开始强调政府与市场，尤其是政府与社会组织和公民的关系从单方强制走向自愿平等的协调合作关系，罗伯特·罗茨（R. Rhodes）提出治理的四个关键特征：组织之间的相互依存，相互资源交换以及协商共同目的的需要所导致的网络成员之间的持续互动，游戏式规则需经过参与者的同意以及保持相当程度的相对于国家的自主性。② 从这个视角来看，治理是由众多主体相互关联而进行的一系列连续的行为过程，这个过程是随着参与主体、主体间关系以及治理环境的变化而变化的。

格里·斯托克（G. Stoker）认为："治理指行为者网络的自主自治；将事情处理好并不完全取决于政府的权力，也不完全取决于政府下命令或运用其权威；政府可以动用新的技术和工具来控制和引导。"③ 政府的管理在于对社会有序引导并促使其和谐共存，治理意味着"统治的内涵发生变化，意味着统治的条件已经不同于前，意味着一种新的统治过程或是以新的方法来统治社会。"④ 尽管从表面上看，治理过程所导致的结果与传统统治过程所导致的相似，但正如罗西瑙（J. Rosenau）所言："提出任何有生命力的人类制度都必须完成的各项功能，应对外来的挑战，防止成员之间的内部冲突、获取资源以及制定目

---

① J. Kooiman, M. VanVliet, "Governance and Public Management", in K. Eliassen, J. Kooiman (eds), *Managing Public Organisations* (2nd ed), London: Sage, 1993, p. 64.
② 参见俞可平《治理与善治》，社会科学文献出版社 2000 年版，第 87—96 页。
③ 格里·斯托克：《作为理论的治理：五个论点》，《国际社会科学杂志》（中文版）1999 年第 1 期。
④ R. Rhodes, "The New Governance: Governing without Government", *Political Studies*, 1996, pp. 652 – 667.

标和达成这些目标的政策。"① 时代的发展促使统治的内涵发生质的改变，俞可平推崇通过善治实现社会一体化以及解决社会各个阶层的相互认同。"善治，即是使公共利益最大化的社会管理过程和管理活动。善治的本质特征，就在于它是政府与公民生活的合作管理，是政治国家与公民社会的最佳关系。"②

通过对治理的研究进路的简单梳理可以发现，均衡、稳定是传统乡村统治的重要因素，但随着人类社会的演进，社会的各个层面的复杂度较之以往大大提高，乡村统治正在经历着向乡村治理深刻变革的趋势。在传统的统治中，管理者制定严格的管理条例，为每个部门、单位或个人指明具体工作，然而，面对环境条件的不断变化，统治缺少活性管理机制的局限性就愈加明显。如果说复杂的治理结构源自复杂的社会分工以及职能部门之间的功能互补关系，那么，一种具有有机整体特征的乡村治理范式则内在地要求出场。

二 探寻新时代乡村治理结构

治理是人类社会发展的共同智慧，但"治理"一词在中国语境下却具备其特殊意义。中国语境下的治理，"是在我国历史传承、文化传统、经济社会发展的基础上长期发展、渐进改进、内生性演化的结果"③。要以中国的历史政治文化为根源，以新中国的乡村实践历程为其实践的基础。中国特色社会主义制度的形成和发展与中国独特的历史根源是密不可分的，是中国特色社会主义的重要根基。

乡村治理体系是一个动态平衡发展的演变过程，它的形成既不是一蹴而就的，也不是一成不变的，而是随着实践的发展不断向前改进和完善的。习近平指出："不断学习他人的好东西，把他人的好东西化成我

---

① J. Rosenau, "Governance, Order, and Change in World Politics", in J. Rosenau, E. Czempiel (eds), *Governance without Government: Order and Change in World Politics*, Cambridge: Cambridge University Press, 1992, p. 3.

② 俞可平：《社会公平和善治是建设和谐社会的两大基石》，《中国特色社会主义研究》2005年第1期。

③ 《习近平谈治国理政》，外文出版社2014年版，第105页。

们自己的东西,这才形成我们的民族特色。"① 这就要求我们正确理解中国本土探索和借鉴其他国家经验的关系、传统和现代的关系。自中共十八大以来,以习近平同志为核心的党中央形成了一系列治国理政的新战略、新思想与新理念,在新的历史条件下,不仅为加快推进社会主义现代化建设提供了科学的理论研究和行动指南,而且开创了党和国家事业发展的新局面。

在乡村治理过程中,现代乡村治理体系转型的关键,是重构政府与社会、市场、村民的关系,打破过去一元主体的强势管理体制,故乡村治理现代化的实现,就要"破除一切不合时宜的思想观念和体制机制弊端,突破利益固化的藩篱,吸收人类文明有益成果,构建系统完备、科学规范、运行有效的制度体系"②。这不仅需要对乡村治理体系进行科学合理的安排,也需要对乡村治理结构进行优化。进行怎样的结构设计或者选取怎样的结构模型,直接关系到治理结构的科学性、先进性,也决定着乡村治理能力的提升程度和实现水准。而无论乡村治理结构怎样设计与安排,其目标都是完善和发展中国特色社会主义制度,这也是中国国家治理的本质特征。

乡村是我国国家治理与社会治理中的基层领域和基础组成部分,乡村治理也是国家治理的最重要的基础,乡村治理的主要目标是要保障乡村社会的基本生产生活秩序,一方面是协助国家有关职能部门将国家惠农政策措施落到实处,发挥效用;另一方面是解决村庄内部的矛盾,做到"小事"不出村,帮扶村庄困难群体,关键的治理任务还是要解决当前一家一户所无法解决的公共事务问题。

三 乡村治理体系

2017年,党的十九大提出了"乡村振兴战略"并将其写入党章。"乡村振兴战略"涵盖了产业兴旺、生态宜居、乡风文明、治理有效、

---

① 《习近平谈治国理政》,外文出版社2014年版,第106页。
② 习近平:《决胜全面建成小康社会 夺取新时代中国特色社会主义伟大胜利——在中国共产党第十九次全国代表大会上的报告》,人民出版社2017年版,第21页。

生活富裕五个方面，要求建立健全城乡融合发展体制机制和政策体系，统筹推进农村经济建设、政治建设、文化建设、社会建设、生态文明建设和党的建设，加快推进乡村治理体系和治理能力现代化①。治理有效是乡村振兴的基础，有效治理的制度框架是党组织领导下的基层群众自治制度，这是改革开放以来乡村治理制度建设的成果，也是当前中国乡村治理的最大的制度优势。

党的十九大提出实施乡村振兴战略后，乡村治理体系和治理机制不断健全，坚持自治、法治、德治相结合，完善村民自治机制，推动治理重心下移，打通乡村治理"最后一公里"，预示着中国乡村治理从过去的"民主管理"正式过渡到"治理有效"实践阶段，党委领导、政府负责、社会协同、公众参与、法治保障的现代乡村社会治理理念逐步形成。乡村振兴战略的提出和实施为乡村基层协商治理开辟了广阔的天地。

根据党的十九大提出的乡村振兴战略的要求，2018年中央"一号文件"谋划了一系列重大举措，形成了实施乡村振兴战略的顶层设计，即坚持自治、法治、德治相结合，加强乡村基层党组织建设、深化村民自治实践、建设法治乡村、提升乡村道德水平、建设平安乡村，确保乡村社会充满活力、和谐有序。2018年，中共中央、国务院印发《乡村振兴战略规划（2018—2022年）》，进一步提出建立健全党委领导、政府负责、社会协同、公众参与、法治保障的现代乡村社会治理体制，健全现代乡村治理体系，促进自治、法治、德治有机结合，确保乡村社会充满活力、和谐有序。在未来5年里要加强乡村基层党组织对乡村振兴的全面领导，促进自治、法治、德治有机结合，夯实基层政权，以及发展公共服务。这就为乡村治理明确了目标任务。2019年，中央"一号文件"提出了优先发展做好"三农"工作的八项要求，要完善乡村治理机制，发挥乡村党支部的战斗堡垒作用，全面加强乡村基层组织建设。2019年，中共中央办公厅、国务院办公厅印发《关于加强和改进乡村治理的

---

① 《中共中央、国务院关于实施乡村振兴战略的意见》，《人民日报》2018年2月5日第1版。

指导意见》，提出了推进乡村治理体系和治理能力现代化，夯实乡村振兴基层的基础。2020年，中央"一号文件"提出全面落实"四议两公开"。坚持县乡村联动，推动社会治理和服务向基层下移，把更多的资源下沉到乡镇和村，提高乡村治理效能，推动了乡村基层协商治理实践的进一步创新发展，在协商治理形式下拓展一整套协商机制，提供乡村事务公共管理、公共决策的平台，在决策结构上从领导拍板转向多元参与，在决策程度上从经验决策转向科学决策，在决策机制上从非制度决策转向制度化决策，从而改善管理者的治理水平和治理效果。未来的乡村治理始终将党组织领导和基层群众自治相融合，汇集政府、市场与社会等多方主体参与乡村治理，建设"三治一体"的乡村治理体系，既是深化村民自治实践、发挥社会主义基层民主的应有之义，也是建设法治乡村、提升乡村德治水平的本质要求。

为此，党中央、国务院要求加强乡村基层党组织建设、深化村民自治实践、建设法治乡村、提升乡村道德水平、建设平安乡村五个方面，这就为乡村基层协商治理提供了更高的站位、更广的渠道。换言之，乡村基层协商治理成了乡村振兴的重要有机组成部分。此后，"乡村基层党建""治理""自治""法治""德治""三治一体"等概念在中央涉农政策内容中开始频繁出现，引起了学术界对"三治一体"乡村治理问题的广泛关注，相关的研究成果也迅速增加，对"三治一体"乡村治理理论问题的研究、理论成果也呈现出多元创新的态势。有学者认为，自治、法治、德治三者不是同一层面的治理方式，自治是核心、法治是保障、德治是基础，认为三者只有合理组合才能实现"善治"[1]。另外有学者认为，自治与德治都以自由、个体为前提，自治需要以法律为边界，德治与法治属于一种共识，需要以自治为基础。因此，自治是法治与德治的基础，法治是自治与德治的边界和保障，德治是较高的追求，德治以自治与法治形成有力补充，并认为"三治"各有侧重，有优先次序，但更需要同时发力、交织前进，以发挥"三治"结合的

---

[1] 邓大才：《走向善治之路：自治、法治与德治的选择与组合——以乡村治理体系为研究对象》，《社会科学研究》2018年第4期。

"乘数效应"①。还有学者提出,在新时代乡村治理实践中,自治是法治和德治的前提和基础,法治则为自治提供制度保障、为德治框定有效边界,德治为自治和法治提供价值支撑与指引②。

学者的提法虽然不尽相同,但总的来说,"三治一体"乡村治理体系基本上表现为"自治为本、德治为基、法治为要"的关系结构③。而在运作机制上则呈现出"一体两翼"的辩证关系,即以村民自治为主体,以法治作为自治和德治的底线保障,以德治作为自治和法治的价值支撑④。

"三治一体"乡村治理体系的要义在于多种治理方式的有机融合,实现乡村社会治理制度的一体化。"三治一体"始终以自治为本,其实质是通过充分挖掘各种治理资源,广泛运用包括法治、德治在内的各种治理技术、治理手段,通过建立新的自治运行机制,重新激活和赋能村民自治制度,体现的是一种在治理方式和治理过程上打通现代与传统、刚性治理与柔性治理的整合治理趋势。

在很长的一段时期内,我国乡村治理一直遵循的是"自治"与"法治"相分离的运行逻辑,"德治"的缺失会导致乡村治理陷入诸多困境中,也会使两者之间无法找到沟通桥梁和难以构建"三治一体"有效机制。"三治一体"乡村治理体系的提出,体现了乡村治理体系和治理能力现代化的价值取向,具有高度的灵活性和适应性,坚持以法治思维为指导,充分发挥村民自主性和积极性,目的是增强乡村治理的内生动力,提高乡村治理过程中多主体参与度、参与质量,以实现我国乡村社会治理的"善治"。乡村治理体系和治理能力现代化以"德法共治"作为治理规则和治理工具,而"三治融合"则是"德法共治"内嵌于乡村

---

① 郁建兴、任杰:《中国基层社会治理中的自治、法治与德治》,《学术月刊》2018年第12期。
② 王露璐、刘昂:《自治、法治、德治相结合的乡村治理》,《绍兴文理学院学报》(人文社会科学版) 2018 年第 5 期。
③ 向此德:《"三治融合"创新优化基层治理》,《四川党的建设》2017年第20期。
④ 张景峰:《新时代健全自治法治德治相结合乡村治理体系探讨》,《河南科技大学学报》(社会科学版) 2018 年第 6 期。

自治形态和自治传统的底层归位①。

在乡村转型发展和实施乡村振兴战略的背景下，乡村治理任务既繁重又复杂，社会管理问题和公共服务问题是其中的重要内容，要求更加有针对性地加以推进。由于各地乡村具有不同的社会经济资源和历史文化传统，面对乡村转型和乡村振兴的双重挑战，单一治理手段难以应对具有复杂化、差异化和多元化的乡村社会现实。故不少乡村地区以加强乡村法治建设为突破口，将协商治理理论纳入乡村治理体系，探索创新乡村社会管理和公共服务，加强乡村基层民主建设，确保广大村民有序政治参与，基层协商治理成了当代乡村治理体系建设的关键部分。乡村基层协商治理实践的探索与推进，一方面有利于整合乡村社会关系、凝聚乡村社会共识，另一方面又有利于提升乡村公共事务决策效率、提高乡村基层民主质量。习近平总书记提出，走中国特色社会主义乡村振兴道路，必须创新乡村治理体系，走乡村善治之路。实现乡村善治，必须以广大村民群众的需求为导向，推动多领域机制创新，形成多层次的基层协商格局。

从全国已有的实践探索来看，"三治一体"基层协商治理是乡村治理的核心和重要形式。早在 2013 年，浙江省桐乡市就开始在乡村推行法治建设，培养村民守法用法理念，达到"以法治定分止争"，大力彰显新乡贤价值，着重发挥传统道德等乡土文化的感召作用，借此约束村民行为。创新乡村自治，注重提升村民主人翁意识，使村民主动参与乡村建设发展，化解干群矛盾，以"自治消化矛盾"。探索形成"大事一起干、好坏有人判、事事有人帮"的"三治融合"乡村治理体系②。因此，乡村振兴战略的实施为乡村基层协商治理实践进一步发展提供了重要契机和顶层设计，不仅开创了乡村基层协商主体的多元化、拓展了协商内容，而且拓宽了协商渠道和丰富了协商形式。

---

① 范和生、刘凯强：《德法共治：基层社会善治的实践创新》，《浙江学刊》2018 年第 6 期。
② 王文彬：《自觉、规则与文化：构建"三治融合"的乡村治理体系》，《社会主义研究》2019 年第 1 期。

2018年中央"一号文件"《关于实施乡村振兴战略的意见》把深化村民自治实践、建设法治乡村、提升乡村德治水平作为坚持自治、法治和德治相结合政策举措,"三治一体"乡村多层次基层协商格局的提出,既是深化村民自治实践、发挥社会主义基层民主的应有之义,也是建设民主乡村、提升乡村基层协商治理水平的本质要求。2018年,中共中央、国务院出台的《乡村振兴战略规划(2018—2022年)》,提出在未来5年里要加强农村基层党组织对乡村振兴的全面领导,促进自治法治德治有机结合,夯实基层政权,以及发展公共服务。坚持自治为基、法治为本、德治为先,健全和创新村党组织领导的充满活力的村民自治机制。[1] 2020年,中央"一号文件"又提出要推进村民自治制度化、规范化和程序化,推进开展自治、法治、德治相结合的乡村治理体系建设。[2]这就为乡村治理明确了目标任务。"三治一体"乡村治理体系的提出,不仅是新时代乡村治理的探索创新,也是村民自治的实践创新,从本质上说是对乡村基层协商治理的完善和创新,基层协商治理成了当代乡村治理体系建设的关键部分。因此,在实施乡村振兴战略的背景下,走"三治一体"路径,建构村党组织领导、村委会负责、社会组织协同、村民参与、法治保障,真正实现自治增活力、法治强保障、德治扬正气的乡村基层协商体系。

法治是基础,是一种"硬治理",坚持以法治为本,树立依法协商理念,强化法律在维护村民权益、规范市场运行、农业支持保护、生态环境治理、化解乡村社会矛盾等方面的权威地位。德治是灵魂,大力加强乡村思想道德建设,培育社会主义核心价值观,融入时代元素和新风尚,推进乡村精神文明建设,不断丰富乡村文化生活。自治是核心。坚持以自治为基,加强乡村群众性自治组织建设,健全和创新村党组织领导的充满活力的村民自治机制,形成多元协作互动、优势互补、共建共

---

[1] 中共中央、国务院:《乡村振兴战略规划(2018—2022年)》,新华社,2018年9月26日。
[2] 《中共中央、国务院关于抓好"三农"领域重点工作 确保如期实现全面小康的意见》,新华社,2020年2月5日。

享的乡村基层协商治理新局面。将法治、德治、自治融合起来，形成"三治一体"，将"三治一体"作为提升乡村基层协商治理的重要基础和基本形式。从根本上说，"三治一体"乡村基层协商治理体系就是要通过有效整合乡村社会治理资源，创新乡村社会治理运行机制，使村民自治这一国家基本制度真正发挥出民主选举、民主协商、民主决策、民主管理、民主监督的治理效能。

四 乡村基层协商治理

无论是国家资源落到实处，还是解决公共事务问题，核心的一条是要将村民组织起来，组织村民参与到国家资源落地过程和公共事务管理中，靠什么方法和途径发动和组织村民？要通过协商治理的途径，经常组织召开协商议事会的方法，向村民群众讲清楚道理，让村民群众关心他们自己的生产生活条件，通过乡村基层协商治理形式参与到改善他们自己村庄的生产生活条件的工作中。

协商治理是协商民主理论和治理理论二者融合互动的成果。因为协商沟通在治理中具有决定性的地位和作用，理性的协商能够实现偏好的转移和价值的认同，培育社会资本，建构公共性。[1]而治理是各种公共或私人机构管理其共同事务的诸多方式的总和，使相互冲突或不同的利益得以调和并且采取联合行动的持续过程。[2]因此，协商民主理论与治理理论具有逻辑上的契合性、过程上的连接性、价值上的统一性和主体上的互动性，对于开展乡村基层协商治理具有一定的解释力和建构功能，为我国乡村治理提供了一种新的理论和视角。

乡村基层协商治理体系建构和乡村基层治理困境是高度关联的。乡村基层治理的问题主要体现在"国家—乡村社会冲突"以及乡村社会内部利益冲突两个方面。与之相对应的乡村基层协商治理也体现在国家正式权力发挥作用的程度和乡村基层民众参与程度上。按照"三治一体"

---

[1] [德]哈贝马斯：《公共领域的结构转型》，曹卫东等译，学林出版社1999年版，第58页。

[2] 俞可平：《治理与善治》，社会科学文献出版社2000年版，第239页。

的原则,在乡村基层协商治理体系中,自治、法治、德治三个手段并非独立起作用,而是互相贯通,在结构上呈现出"法治为底线、自治为中线,德治为高线"的特点。①

随着乡村振兴战略的实施,更多的国家资源和社会资本涌向乡村,乡村社会结构、社会关系、价值体系会越来越复杂,原本以血缘或地域为纽带的相对封闭的传统村落格局逐步被打破,各地乡村应根据本地经济文化发展水平的不同,以马克思主义民主理论为指导,坚持党的领导,根据协商机制、协商对象,用最佳协商成本发挥出不同协商主体和协商资源协同作用,在创新村民自治的基础上,在"三治一体"结构内,坚持整体与局部辩证关系,构建以党建为核心的乡村基层协商治理体系,调动广大村民群众的积极性、主动性、参与性,增强乡村内生发展动力,从而提高新时代乡村基层协商治理水平。习近平总书记指出,要以党的领导统揽全局,创新村民自治的有效实现形式,推动社会治理和服务重心向基层下移。②

"三治一体"乡村基层协商治理是指县级以下乡镇、行政村,在党组织的领导下,坚持以法治思维为指导,在村民自治制度框架内,融合法治精神和德治规则,以"村民议事厅""乡贤理事会"等为载体,发挥村民自主性和积极性,围绕乡村公共事务和村民利益问题,旨在促进村民自主管理、自主服务、自主教育、自主监督,实现村情民知、村事民决、村务民督、村绩民评,以实现乡村社会治理"善治"为总目标。因此,乡村基层党组织领导,社会组织、村民参与,形成以自治为基础的协商主体参与、以法治为保障的协商监督、以德治为引领的协商调控的议事规则体系,从而使乡村基层协商治理平台更广,协商议题更加精准符合民意,协商形式更加灵活多样,协商主体参与面更广,协商程序更加合法合规,村民利益调处更为有效,从而促进乡村善治。因此,有学者认为,乡村社区协商治理有利于巩固党组织的核心地位、防止村干部腐败、培育现代新型农民、维护农村

---

① 郑会霞:《构建乡村社会治理体系的意义、困境及对策》,《学习论坛》2018年第12期。
② 习近平:《在中央农村工作会议上的讲话》,《人民日报》2017年12月30日第1版。

稳定。①

第二节　基于活系统模型的乡村基层协商治理体系

从实践维度来看，国内学者普遍认为，协商治理是一种新的社会治理形式，适用于多元化社会，主要指各层级协商主体之间通过平等对话，理性沟通、讨论，共同参与公共决策的民主形式。基于我国乡村基层协商治理的特点，在建构新型乡村基层协商治理体系时，需要引入治理理论，推动乡村基层协商治理由单边性（自治）向一个互动（自治与协商）的转变，以降低社会的复杂度。

在"治理体系"的含义上，新型乡村基层协商治理体系自然包含走出传统统治形态、进入多元与民主共治状态的共同含义，是不断纳入互动因素而建立起来的治理机制，必须是吸纳性的治理机制，而不能是排斥性的治理机制。这就要求新型乡村基层协商治理体系具有动态、复杂和多样的特性，需要将乡村基层协商治理体系的复杂性、动态性和多样性作为研究的出发点。"所有社会系统都以降低复杂性为基本目标，如果治理能够理解、反映并利用现代社会的动态性、复杂性和多样性，那么就可以使社会达到自我控制。"② 这就要寻求一个更加具有动态性、复杂性并能应对乡村社会发展多样性的模式。乡村基层协商治理体系就应当是基于当代治理理论并引入合适系统模型的协商治理体系。

一　乡村基层协商治理体系优化的要求

无论乡村治理体系还是乡村基层协商治理体系，都要对它们的本质进行分析，不论从治理视角还是从系统视角出发，治理体系都必然以复杂适应系统为根本，基于系统思考维度，结合我国乡村基层协商治理的

---

① 季丽新：《中国特色农村民主协商治理机制创新的典型案例分析》，《中国行政管理》2016年第11期。

② 转引自俞可平《治理与善治》，社会科学文献出版社2000年版，第236—237页。

特点，我们认为，乡村基层协商治理体系优化至少应当符合以下三个要求。

（一）适应性

面对一个不断变化甚至无法预测的环境，随着时间的推移，一个组织系统有能力对系统设计中没有预期到的刺激作出反应，能从重复经验中学习，即找到对刺激最理想的反应，并通过再生更新其自身，实现最大可能的适应性和存活。从控制论角度来看，要求系统组织拥有尽可能广泛的多样性，即艾什比提出的必要多样性定律："对被控对象无论进行前馈或反馈控制，控制能力受到控制器行动的多样性以及从控制器到被控对象的信道容量的限制。控制器行动的多样性越大，它就越能抵消需要控制的干扰。"[①] 那么，组织系统具有的可以应对生存环境的多样性，至少必须等于（甚至多于）环境给它带来干扰的多样性，只有这样，管理系统才能对所处环境出现的各种威胁和机遇作出适当反应。从这个意义上讲，乡村的规范管理已经不是传统组织或管理科学只注重稳定存在的模式，在某种程度上，发展和存活才是重要的和有价值的先决条件。党的十九大报告指出，新时代我国社会的主要矛盾是人民日益增长的美好生活需要和不平衡不充分的发展之间的矛盾。而我国乡村地区发展不平衡、不充分主要体现在乡村治理体系和治理能力现代化程度不高，乡村公共领域发育不充分，乡村基层协商治理规则、程序的规范化、法治化程度不高等问题上。面对复杂性越来越大的国内外环境，乡村治理现代化必将越来越多与发展、学习及转变相关。

（二）整体优化

治理体系的正常运转是组织结构良好的直接表现，而其本质是治理机制对组织内外环境的适合。在任何组织系统中，机制都起着基础性的、根本的作用。适合的机制决定着适合的组织结构，而组织结构的设计就是为了实现组织的目的与功能。机制本身就是生物有机体的结构、功能及其相互关系，在理想状态下的良好机制，不能也不会是人为凭空

[①] William Ross Ashby, *An Introduction to Cybernetics*, London: Chapman & Hall, 1956, pp. 207–208.

设计出来的。从天人合一的系统观来看，人类社会的运转机制应是一个与自然界生物机制同构的复杂适应系统，它具有自适应的整体优化机制，应当具备皮亚杰（J. Piaget）所提出的结构的三个特性："整体性、转换性和自身调整性。"① 在皮亚杰的结构主义视野中，"结构是一个由种种转换规律组成的体系。这个转换体系作为体系（相对于其各成分的性质而言）含有一些规律。正是由于有一整套转换规律的作用，转换体系才能保持自己的守恒或使自己本身得到充实。而且，这种种转换并不是在这个体系的领域之外完成的，也不求助于外界的因素。"② 整体优化不仅强调乡村基层协商治理运行体系的结构、功能和行为之间的动态关系，还可以让乡村基层协商治理运行体系中的子系统具有可变性、适应性，促进治理体系中的系统、操作子系统实现其自身"心智模式"的自我学习与自我进步，促进乡村经济繁荣，夯实乡村基层协商治理的基础，完善建构乡村基层协商治理机制，健全乡村基层民主治理协商法治化路径，发展乡村基层网络协商治理。

（三）权力下移

科技与新媒体技术快速发展与传播，迅速将信息爆炸与多元文化深度融合，使得依托传统短平快的管理路径、自上而下的层级组织管理日渐失效，面对内外部社会与经济环境无时无刻不在发生的变化，基层管理者因职能层级管理的弊端与僵硬的体制而缺少足够的授权，既不能也不敢于创造性地实时解决出现的难题，其结果只能是将问题打包上报给上级，被动地等待上级指示的解决方法，当下这种管理模式既压制基层管理者的积极性，剥夺其本应该承担的职责，又常常贻误宝贵的问题解决的时机，也将巨量管理难题抛向高层管理中枢，导致高层管理因不断膨胀以及整个管理体系的不断迟滞而日益僵化。管理向治理的主动性改变，一个重要的方法就是通过简政放权的方式实现民主和善治，促使权力的分散和下移，推动精英主政向协商治理转型，促进选举民主与协商协同。保障乡村基层的协商治理主体有足够的授权能对时时的环境变化

---

① ［瑞士］皮亚杰：《结构主义》，倪连生、王琳等译，商务印书馆1984年版，第2页。
② ［瑞士］皮亚杰：《结构主义》，倪连生、王琳等译，商务印书馆1984年版，第12页。

作出直接的处理，而不是等待上级指令或相互推诿。

在乡村治理过程中，现代乡村治理体系转型的关键，是重构政府与乡村社会、市场、民众的关系，打破过去一元主体的强势管理体制，"破除一切不合时宜的思想观念和体制机制弊端，突破利益固化的藩篱，吸收人类文明有益成果，构建系统完备、科学规范、运行有效的制度体系"[①]。实现乡村治理现代化，不仅需要国家对乡村治理体系作出科学合理安排，而且需要国家对乡村治理结构予以优化。进行怎样的乡村治理结构设计或者选取怎样的结构模型，直接关系到乡村治理结构的科学性、先进性，也决定着乡村治理能力的提升程度和实现水准。而无论国家对乡村治理结构怎样设计与安排，其目标都是要完善和发展中国特色社会主义制度，这也是中国乡村治理的本质特征。

二 乡村基层协商治理体系的优化

"治理是或私或公的机构和个人经营管理相同事务的诸多方式的总和，它是使相互冲突或不同的利益得以调和并且采取联合行动的持续的过程。"[②] 治理的主体包含但不限于政府，私人或公共社会机构也在其中。和传统统治不同的是，治理中公共部门与私人部门、国家与社会之间的责任和界限变得模糊，治理提供了一种崭新的机制，"参与治理的主体形成一个自主网络，权力运行不再是政府单方面发号施令，而是各方合作共治"[③]。

VSM模型就体现了这样的合作共治，基于这个模型，我们可以将自治、法治、德治、村党组织、乡镇党组织定义为乡村基层协商治理体系的五个子系统，对它们进行功能定位，通过子系统之间、子系统与系统整体的功能互补、优化与协同，达到乡村基层协商治理体系的有机整体建构，使乡村基层协商治理体系成为一种规范性、系统性的治理模式，

---

① 习近平：《决胜全面建成小康社会 夺取新时代中国特色社会主义伟大胜利——在中国共产党第十九次全国代表大会上的报告》，人民出版社2017年版，第21页。
② 俞可平：《治理与善治》，社会科学文献出版社2000年版，第270—271页。
③ 陈慧荣：《国家治理与国家建设》，《学术月刊》2014年第7期。

实现善治。

以 VSM 表示的乡村基层协商治理体系，我们总能找到三个基本部分：环境、组织（也称为"操作"）和组织的"管理"（也称为元系统），每个要素都有它的基本功能。组织或操作包含所谓的"系统1"（自治治理系统）、"系统2"（法治治理系统）、"系统3"（德治治理系统）、"系统4"（村党组织）和"系统5"（乡镇党组织）。其中，由"系统1"（自治治理系统）、"系统2"（法治治理系统）和"系统3"（德治治理系统）三个系统组成了"三治合一"系统，即图4.1椭圆形虚线框内的内容；由"系统4"（村党组织）和"系统5"（乡镇党组织）组成了"元治理"系统，即图4.1矩形虚线框内的内容。

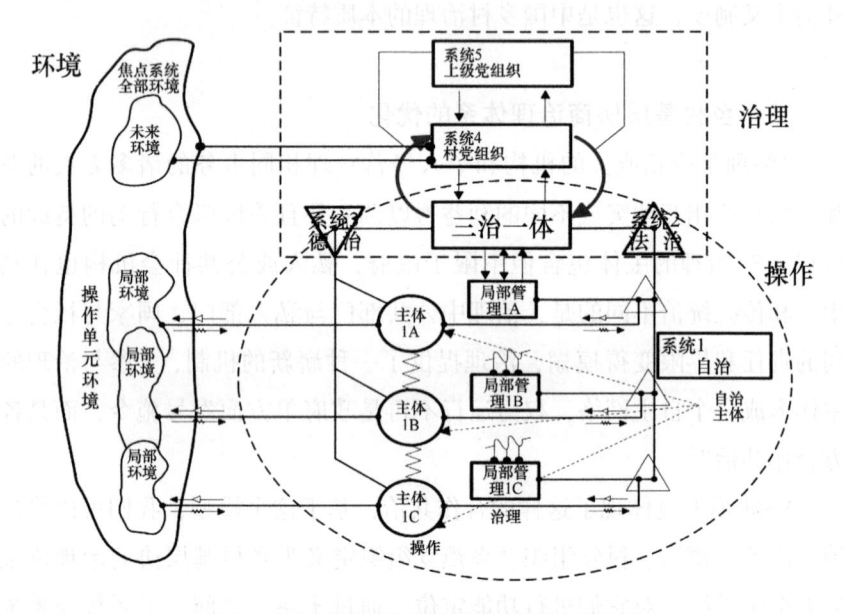

图4.1　乡村基层协商治理体系整体性建构

自治系统为乡村基层协商治理的有效发挥提供了协商的主体和协商机制条件，在"三治一体"协商治理体系中处于根本地位，是个体集合按自组织规则的治理，体现了民主的价值。

法治系统是法律主治，通过规则之治，为自治划定范围，规范自治行为。乡村基层协商治理机制的运行主要是参照现行的法律规定，随着乡村社会的发展而出现的新问题、新事物,需要纳入法律法规之中,法治为乡村基层协商治理的有序、健康、稳定发展提供了"刚性"保障。但我们必须认识到法律的限度,法律鞭长莫及之处正是道德的用武之地。法治是有目的性的,法治承载着良好道德的价值观念,也正因如此,法治才具有普遍服从的权威基础。

德治系统为乡村基层协商治理提供了合法性、合乎伦理规范性的支撑,乡村基层协商治理要以道德规范、习惯规约等良善的社会规范来维风导俗,树立乡村基层协商治理的新风尚,有利于提升村民的素质,起到价值引领和精神支撑作用。道德是个体性的,德治作为一种"软约束",通过道德文化价值为自治凝聚人心、弘扬正气、引领风尚,以其强烈的外在舆论压力影响和个人心理压力影响到乡村基层协商治理活动。因此,德治系统则建立在普遍道德共识基础上,而建立普遍道德共识的过程,必须以自治为基础,以达成人们心中认可的现代性道德为目标,而不是通过外在权力将某种道德强加给协商共同体。

德治系统是滋养自治与法治的基础。党的十九大报告提出要坚持依法治国和以德治国相结合,在乡村基层协商治理体系中以"德治"为养分,滋养乡村基层协商主体,增强协商主体的情感道德认识。自治系统和法治系统都比较"刚性",当"刚性"在面对复杂的乡村社会问题时,往往需要德治系统的"润滑"作用。德治系统并非只在事前起预防作用,还作为自治系统和法治系统的补充和"润滑",对于法律无法发挥作用的领域起到弥补作用,与法治是辩证统一的关系。因此,乡村基层协商治理体系中的自治、法治、德治是可以结合而且必须结合的,实现乡村公共事务的有效治理是根本目标,而自治、法治、德治只是实现这一目标的手段,要将协商的逻辑贯穿和贯彻到整个乡村社会体系中,普遍实现中国乡村社会的自治、法治、德治合一。

乡村基层协商治理不但要依赖于乡村自治基础,依赖于法治保障,还要将德治升华,强化以德化人,坚持以规促德,以润物无声、潜移默化的方式,引导协商主体提升道德修养与境界,将德治正气内化为自觉的行为规范，对自治和法治形成有力补充，实现以德治为引领的乡村基层协商治理的有效目标。法治、德治工具价值和理性价值都会影响乡村基层协商治理的走向，并且在乡村基层协商治理中得以体现和发展。

"三治一体"乡村基层协商治理体系是自治系统、法治系统和德治系统结构与功能有机协同的体系，即协商主体、协商机制、协商方式、协商工具等各要素环节的系统化。根据"三治一体"的治理原则，按照乡村基层协商机制，推动协商客体进行沟通交流，能够降低乡村基层协商治理成本，提高协商效率，实现有效协商目标。同时，以村民自治制度和公共精神为根本，融合法治的外部规则和德治的内部规则，弥补自治、法治和德治治理规则的不足。而治理规则自洽的重点在于，"探索以准正式规范的乡规民约和权威型个体如新乡贤等为节点实现自治、法治和德治契合领域的建构，扩散乡规民约和权威型个体在正式领域、公共领域与非正式领域的联通作用，以此推进自治、德治和法治的有机融合"[1]。

（一）"自治系统"

"系统1"是自治系统，要解决的是乡村基层协商治理中"谁来协商"的问题，包括了协商主体和协商决策机制。在乡村地区，村党组织委员会、村民委员会、村民小组、乡贤组织、党员、村民等构成了乡村基层协商治理的多方主体。

马克思从实际出发，实事求是地指出了国家构建的前提和基础是市民社会：市民社会是直接从现实社会生活的交往与生产过程中出现的，这个群体包括每个个体在生产力发展阶段上的全部物质交往，是他们形成了国家主体。[2] 在马克思那里，每个社会个体及其相互关系对国家的组成有重要作用。

> 各个人借以进行生产的社会关系，即社会生产关系，是随着物

---

[1] 黄晗：《运用乡规民约推动农村社会协同共治》，《学术交流》2018年第11期。
[2] 参见《马克思恩格斯文集》第1卷，人民出版社2009年版，第582页。

质生产资料、生产力的变化和发展而变化和改变的。生产关系总和起来就构成所谓社会关系，构成所谓社会，并且是构成一个处于一定历史发展阶段上的社会，具有独特的特征的社会。①

按照马克思的观点，村民个体对村落组成、发展的推动有着重要的作用，而同时，作为经济治理发展成果的最大参与者与受益者的社会个体和经济主体，对于乡村治理现代化的认识、认同、参与还不够积极，甚至还不能正确科学地理解、把握、运用乡村治理中政府的各项政策，为解决信息不对称和沟通不畅，需要通过各种媒体大力宣传吸引、积极关注和认真参与，通过不断交互的过程，政府、社会个体和经济主体各司其职，既独立又有机联系，乡村基层协商治理体系才能完整。

与乡村治理现代化相适应的是人的现代化，无论经济转型升级、创新驱动发展战略还是乡村振兴、可持续发展，都是解决"人民日益增长的美好生活需要和不平衡不充分的发展之间的矛盾"②，都"必须坚持以人民为中心的发展思想"③，都需要松绑对乡村基层社会的束缚、促进对人的进一步解放，激活经济主体与乡村社会个体的创造力，实现创新驱动发展。为此，国家应该尽快完善各种"负面清单"，划清不能进入的边界，同时对乡村公共权力加以限制和制衡，对于"直接面向基层、量大面广、由地方管理更方便有效的经济社会事项，一律下放地方和基层管理"④。这需要推进乡村简政放权，打破行政性垄断，深化乡村事权制度改革，发挥市场在资源配置中的决定性作用。

党的十九大明确提出新时期将建设人民满意的服务型政府，要求政府提升公共服务需求发现及控制以及服务供给方式。"推动社会治理重

---

① 《马克思恩格斯选集》第 1 卷，人民出版社 1995 年版，第 345 页。
② 习近平：《决胜全面建成小康社会　夺取新时代中国特色社会主义伟大胜利——在中国共产党第十九次全国代表大会上的报告》，人民出版社 2017 年版，第 19 页。
③ 习近平：《决胜全面建成小康社会　夺取新时代中国特色社会主义伟大胜利——在中国共产党第十九次全国代表大会上的报告》，人民出版社 2017 年版，第 19 页。
④ 《中共中央关于全面深化改革若干重大问题的决定》，人民出版社 2013 年版，第 18 页。

心向基层下移，发挥社会组织作用，实现政府治理和社会调节、居民自治良性互动。"① 实现还权于社会和人民，释放基层活力，激发民间和基层社会的活力和创造力，提高社会个体勇于创造与大胆创新的空间，进而自发形成一个彰显公平正义、有序竞争发展的自主驱动创新社会。

一般而言，社会个体与经济主体能够随着社会的发展与分工的细化，不断地进行多元化，这不仅能促进公共利益的最大化与帕累托最优，也有利于提供丰富的产品与服务。尽管治理强调的是治理主体的多元化，但随着乡村治理现代化的不断提高，市场与社会所承担的职能应逐渐增加，在社会发展过程中社会个体和经济主体发挥物质创造者的作用。而市场竞争是社会创造财富的源泉和动力，它不仅能提高经营效率、降低交易成本，还能优化各种资源配置，促进财富的增长与人民收入水平的提高，也在治理结构的优化中发挥着重要作用。改革开放40多年，特别是加入WTO之后，经济主体和村民随着财富的增长和各种利益的获取，逐步摆脱人民公社时期的束缚，促使乡村的治理结构也需要随之发生变化。

市场经济的发展要以人的自由为基础，要有平等的发展环境。只有在给予市场主体充分自由的前提下，市场才能得到更好的发展，而人作为市场经济和社会中的存在体，其自由并不是绝对的，对于他人和社会而言是相对的。因此，在社会中人的自由，是要在尊重他人的平等自由的同时获得的。在市场经济发展过程中，个人的发展不仅要受到社会的制约，也要有政府对市场经济制度进行保障，政府是保护自由和保护产权最重要的主体，因此市场经济的发展离不开其与政府和社会相互关系的制约。"中国社会市场经济的目标就是要建立起更加自由公平的市场和社会环境，强化市场配置资源的决定性作用，增强市场自我发展能力，充分释放企业和公民创造财富的潜能。"②

---

① 习近平：《决胜全面建成小康社会　夺取新时代中国特色社会主义伟大胜利——在中国共产党第十九次全国代表大会上的报告》，人民出版社2017年版，第49页。
② 马远之：《中国六十年与世界六百年——从重商主义到新结构主义》，广东人民出版社2015年版，第534页。

因此，要将乡村基层协商治理实践放在"为了民"和"听于民"的基础上，既要求各个协商主体把满足村民群众生产生活等基本需求放在优先考虑的位置上，把目的及结果是否有利于村民群众放在协商主体组织建构和运行活动的首要位置，又要求各个协商主体在协商过程中能够充分容纳广大村民参与，在程序上充分听取村民的意见、看法与需求、反映等，最大限度地建构广大村民参与协商的制度，构建围绕德治的多层次自治，是推进"三治一体"的重心，也是乡村在各自村情民俗和地域优势上推进特色协商治理的依据。而"自治系统"面临的现实困境是乡村日益"空心化"，自治主体或协商主体的缺位，"三治一体"的目的在于扩大自治主体或协商主体范围，激发广大普通村民群众参与，依靠广大普通村民群众办事，让普通村民参与进来成主体，形成村民有序民主政治参与的局面。在协商主体上表现为乡村精英、基层政府、村两委、村民和社会组织等多元主体的关系嵌入和组织嵌入，防止协商主体"缺位""卡位"和"越位"情况的发生。[①]

（二）"法治系统"

"系统2"是法治系统，要解决的是乡村基层协商治理中"依何协商"的问题，它不仅能进行协商主体间关系的、情感的、文化的协调，而且它制定的法规、条例、规则以及优秀的传统文化能在制度上使得协商主体间互不妨碍且相互促进。为了实现个体利益的最大化，乡村基层的经济主体和社会个体会争夺共同的资源，可能导致主体之间的冲突和矛盾，就需要发挥具有协调功能的"法治治理系统"的作用，对社会内部的冲突、矛盾加以解决，以确保国家和乡村社会的安定。因此，法治系统可以看作一个具有自我调节能力的放大器，主要抑制"自治系统"中触犯法律、违反道德等现象，并努力弘扬社会主义先进文化，倡导主旋律，传播正能量。

恩格斯认为，"国家是社会在一定发展阶段上的产物"[②]。当一个社

[①] 侯宏伟、马培衢：《"自治、法治、德治"三治融合体系下治理主体嵌入型共治机制的构建》，《华南师范大学学报》（社会科学版）2018年第6期。

[②] 《马克思恩格斯选集》第4卷，人民出版社2012年版，第186页。

会无休止地陷入无法解决的自我矛盾之中，又因为这样的自我矛盾而将社会分裂成既无法和解又无法摆脱的对立面时；就需要产生一种在表面上将推动社会发展的力量冲突保持在"秩序"范围之内，以解决对立面的矛盾、冲突，达到对利益纷争的解决，以免在不必要的斗争中破坏它自己和社会。"这种从社会中产生但又自居于社会之上并且日益同社会相异化的力量，就是国家。"① 大到国家，小到村落，其基本职能首先是解决社会上出现的"不可解决""不可调和"的矛盾。这些矛盾只能通过统治即垄断权力来解决。解决这些问题不能完全依靠国家机器，那样，只能更加激化矛盾和问题。一般而言，非武力的社会治理机制，如法律、规则等才是这些矛盾和问题的有效解决方式。

法治必须具有对价值深层次追求的取向，鼓励人们勇于承担责任和尊重权利，并呼吁道德良知。"在法治实施过程中要整合道德和文化传统，实现文化转换和创造，塑造行之有效的法治品格，增进人们对法治文化的认同。"② 法治与一个国家的历史文化传统、社会属性、政治特征高度相关，乡村治理的前提是社会稳定，而法治是维护良好的社会秩序、实现社会稳定的保障。

党的十八届四中全会指出："法律是治国之重器，良法是善治之前提。"③ "法治系统"需要通过"法治中国"化解社会矛盾、维护社会稳定，将社会矛盾的解决建立在法治基础之上，放弃传统依靠国家强制力或行政手段的简单粗暴方式。中国漫长的古代历史形成的官本位思想，使权力成为社会治理的核心，权力可以凌驾于法律之上，权力的执行在一定程度上是社会规范的隐喻，长期以权力为中心的体制使得民众缺乏对法治的敬畏，缺乏对法治价值的理解。法治的缺失，难以构建积极向上的社会治理生态。事实上，只有人民相信公平与正义，通过法治获得安全感，又强化约束，人民的理性才能回归、升华，现代化的国家治理

---

① 《马克思恩格斯选集》第4卷，人民出版社2012年版，第187页。
② 马丽：《国家治理现代化需要什么样的法治文化》，《人民论坛》2018年第16期。
③ 《中共中央关于全面推进依法治国若干重大问题的决定》，人民出版社2014年版，第14页。

才能向前推进,"法治将国家意志和国民道德追求以文化固定形态体现在法治建设上,是国家治理现代化的内在驱动力和精神引领。"① 法治还要与德治相结合并通过实践相辅相成,通过德治融入我们的社会文化和历史习俗中,才能使法治文化不空洞、不抽象,才能更好地引导全社会养成懂法守法的美德,规范人们的行为,这不仅有助于建设有中国特色的社会主义法制,而且能推动乡村治理体系和治理能力现代化的尽早实现。

乡村治理现代化视野下的法治治理,就是要将法治原则、方法、理念、精神贯穿到乡村政治、经济、文化、生态治理等乡村治理实践之中,运用法治方式治村理政,运用法治思维分析问题,"逐步形成办事依法、遇事找法、解决问题用法、化解矛盾靠法的良好法治习惯"②。法治的有效执行不仅能降低乡村治理的成本,还能提升国家治理的效果与治理执行力。改革开放40年来,治理主体由政府单级转向村民个体、社会团体共同参与的多元互动,村民参与乡村治理的方式、途径不仅日趋广泛而且不断优化,在提升治理主体水准、素质的同时,也促进更加广泛的社会团体和社会公众接触法治文化,深化对乡村治理现代化的认知,接受教育并进行实践,德法兼治的法治文化不仅让公众在思想意识上重视社会公德的熏陶和法治意识的培养,也成为中国特色社会主义乡村法治治理的特色。

乡村治理方式方法得益于法治文化的建设,德治、自治、法治与共治多种方式相结合,政府、社会团体、村民参与,乡村治理模式随着经济发展和治理需要不断进行调适与优化。一方面,法治融入乡村治理,能让道德理性与法治权威和谐共处,不仅能让公众更加客观、平和地看待事物,分析社会现象,还能让公众对某些社会事件在缺乏法律依据的情况下作出理性分析。另一方面,法治建设也能增强治理者、执法者的法治意识,提升他们的道德觉悟,减少其道德法律失范行为,推动政府机关治理公信力的提高,推动社会文明进步。

---

① 马丽:《国家治理现代化需要什么样的法治文化》,《人民论坛》2018年第16期。
② 张文显:《法治与国家治理现代化》,《中国法学》2014年第4期。

因此，在乡村重塑法的精神，注重依法办事，发挥法治保障作用，没有法治的乡村基层协商治理不会形成自组织的规则，也谈不上集体行动。通过法治，对村"两委"的监督、对乡村社会团体和村民个体的监督，能提升乡村事务的规范化运作、减少寻租、对有效善治大有裨益，还能给予乡村社会大众心理增权和社会增权，形成相互的监督体系，促进更加完善的乡村治理体系的优化，保障乡村社会的和谐稳定。

从一定程度上讲，"三治一体"乡村基层协商治理能够在乡村积累并丰富法治规则，促进乡村法治成长。通过自治进行协商，还须受法律的约束，规范协商规则和协商工具。乡村基层民主法治化、规范化，是乡村自治和乡村德治的全程保障，强化法治保障，保障协商主体的权利和义务，保证协商机制公开、透明、科学、有效，在协商过程中，通过讲法、懂法、守法，实现"立规"用得上、村务要公开、村民能维权，形成有计划、有渠道、有措施、有保障的协商过程，推动民主法制观念更加深入民心，实现乡村基层协商实践的法治化规范化。

（三）"德治系统"

"系统3"是德治系统，要解决的是乡村基层协商治理中伦理规范性支撑问题，构建村庄道德共同体的生活基础。与硬约束法治相比，文化是民族血脉，道德是人民精神家园，它具有润物细无声的特有感染力，它所蕴含的理想信念、价值取向、道德规范时刻影响着人民大众的情感世界和价值观念。尽管制度与道德都归于上层建筑，处于上层建筑的不同级层，但它们仍有不同。和制度相比，道德处于上层建筑的内层，道德对制度的影响更为基础，在上层建筑中更有根基性，它更加注重对参与协商治理的社会团体和社会个体对社会主义核心价值观的认同，并对其价值观、理想信念进行形塑，以更为柔性的方法引导协商治理体系中的每个部门、每个子系统、每个个体对党和国家发展理念的认同并为实现国家发展目标而奋斗。这不仅是一种低成本高回报的治理方式，也是对我国传统"大政府"理念的更新，政府的"大"体现的不仅仅是功能大、机构大，而且是价值观和理想信念，比如，当前我们为之奋斗的"中国梦"就是如此。没有对党和国家的信任，对党和国家协商治理的价值观的认同,就难以整合一个具有14亿人口的国家;也只有有了这样的信任和认同,民众的一点点变化才是国家治理成功的基础。

中华优秀传统道德作为民族长期的精神积淀,时刻传递着中国能量,弘扬着中国精神,成为凝聚中华民族奋发向上、增强中华民族文化自信的精神黏合剂。道德能在润物无声之中滋养治理现代化。对中华民族团结统一起血脉作用的道德,对促进国家富强、民族振兴、人民幸福具有积极作用的道德,应努力加以传播和弘扬。对于人类任何一个国家和民族而言,价值观既是思想的基础,也是文化的灵魂,道德承载价值观,也是价值观的母体。乡村治理现代化旨在提升乡村全方位的治理能力,实现中华民族伟大复兴的中国梦。为了更好更快地实现中国梦,就要积极弘扬和培育社会主义核心价值观,将它融入乡村道德治理的各个部分和环节中,努力将它转化为人民群众的自觉追求。

中华传统美德"崇德向善、见贤思齐的社会风尚,孝悌忠信、礼义廉耻的荣辱观念,具有天下兴亡、匹夫有责的担当意识,精忠报国、振兴中华的爱国情怀"[①]。中国革命文化展示了从近代到现代中国人民在中国共产党的领导下进行社会主义革命和建设,在改革开放过程中所形成的精神追求与精神标识。社会主义先进文化是当代中国的新文化,是中国人民在中国特色社会主义道路建设中所凝聚的文化自信。这些道德引领乡村治理体系建构的思维方式、行为模式,影响着乡村社会的动态发展。

德治体现出乡村基层协商的价值,"三治一体"的基石是村庄德治文化,弘扬德治正气,通过人的内心自觉和社会舆论自发调整社会秩序,在社会矛盾尚未出现或萌芽的时候发挥作用,预防社会矛盾的发生,创新德治教育,立足于各地乡村传统文化资源,发展民主政治,引导村民提升道德修养,打造乡村德育文化。

(四)"基层党组织系统"

"系统4、系统5"是基层党组织系统,是领导系统,负责领导整个乡村基层协商治理体系,是乡村基层协商治理的最终负责者,需要对乡

---

① 《关于实施中华优秀传统文化传承发展工程的意见》,《人民日报》2017年1月26日第1版。

村基层协商治理整体方向负责，确保乡村基层协商治理按照党的方针路线发展，其基本任务是"站在全局的高度"，对内部和外部环境给乡村社会带来的影响进行深入分析，也需要对乡村社会的现在与未来进行平衡以实现稳定。

中国共产党是中国特色社会主义事业的领导核心。党的领导是做好党和国家各项工作的根本保证，是战胜一切困难和风险的"定海神针"。中国共产党的领导地位不是自封的，而是中国历史发展的必然，是中国人民的选择，实践已经并将进一步证明历史和人民的选择是完全正确的。如果在世界政党的图谱中审视中国共产党，就能更加凸显出它的内在特点，以及与其他类型政党的区别。与众多第三世界国家的政党相比，中国共产党不是普通意义上的党，它在中央苏区、陕甘宁等地有过一定时间的建政执政经历，较一般党派而言其执政经验丰富；与西方国家的政党对照，可以看到中国共产党将"改造社会作为历史使命，按照自己的社会政治理念建立了新制度"[1]。与东欧国家的社会主义政党相比，中国共产党的建政执政更多地依靠其自身独立自主的武装斗争，"革命立场、军事斗争与执政经验直接影响和塑造着中国共产党成为执政党的行动逻辑。"[2]

中华人民共和国成立后，中国共产党既是领导党又是执政党，这是中国共产党区别于西方国家政党的一大特点。政党通过国家制度来实现其价值，无论从国家发展问题还是从现代国家治理架构的顶层设计角度来看，在"党领导一切"的根本原则下的治国理政系统思路，既发挥了中国共产党的传统优势，又符合国情与党情的实际，"中国共产党领导中国革命成功，带领人民创建了一整套有中国特色的现代国家治理体系"[3]。从建立新中国到改革开放，从站起来、富起来到强起来，

---

[1] 杨雪冬:《国家治理现代化与执政方式的完善》,《福建日报》2017年3月21日第9版。

[2] 杨雪冬:《国家治理现代化与执政方式的完善》,《福建日报》2017年3月21日第9版。

[3] 杨雪冬:《国家治理现代化与执政方式的完善》,《福建日报》2017年3月21日第9版。

在这一过程中，它始终集领导党和执政党两个角色于一身，作为领导党要不断推进国家制度的完善，作为执政党又要遵循国家制度的规定。由于中国共产党的领导地位是基于人民和历史的选择，这是当代中国制度的根本属性。因而，"中共的执政方式必然是在党领导国家制度完善的过程中改进的，党与国家的关系始终是改进党的执政方式的核心内容"[1]。"执政党不仅要维护本党所代表的阶级或者阶层的利益，在掌握公共权力的同时还承担了利益协调者的作用，调和社会中的各方利益并对各方利益进行整合，促进各方的合作，也是执政党的价值取向。"[2] 传统的单中心的全能型政府社会管理模式已经无法满足改革实践发展的需要，需要多元治理主体的参与、互动与协商，需要"统筹推进政党协商、人大协商、政府协商、政协协商、人民团体协商、基层协商以及社会组织协商"；"围绕团结和民主两大主题，把协商民主贯穿政治协商、民主监督、参政议政全过程"[3]。因此，发展乡村基层协商治理，必须在党的领导下实现基层协商与自治、法治、德治的有机融合。

在我国现行管理体制下，"基层党组织系统"构成了组织的最大权威，因为它是唯一一个有能力调节"自治系统""法治系统""德治系统"之间相互作用的系统。"基层党组织系统"，除了加强其自身建设之外，还要确立社会主义核心价值理念以及各种规范，对自治系统、法治系统、德治系统三者之间的关系和作用进行平衡。这三个系统所产生的多样性（问题）无法被它们自身所解决，而只能由"基层党组织系统"来解决。

根据《中国共产党章程》，党的基层组织按照建制在乡村主要是乡镇党委、村党委、村党总支和村党支部。正式党员人数超过100名以上的村设立村党委委员会、正式党员人数超过50名不足100名的成立村总

---

[1] 杨雪冬：《国家治理现代化与执政方式的完善》，《福建日报》2017年3月21日第9版。

[2] [美] 罗杰·希尔斯曼：《美国是如何治理的》，曹大鹏译，商务印书馆1986年版，第327页。

[3] 习近平：《决胜全面建成小康社会　夺取新时代中国特色社会主义伟大胜利——在中国共产党第十九次全国代表大会上的报告》，人民出版社2017年版，第38页。

支部委员会、正式党员人数超过3名不足50名的成立党支部委员会作为领导机构。因此，本书中提到的系统4、系统5的基层党组织系统，除了乡镇党委外，主要是村党委、村党总支和村党支部三类。从现实制度安排上看，基层党组织在乡村的组织体系中最为完善，社会认可度高，具备良好的组织与协调能力，它不是基于某种特殊的利益而构成的，能够保证乡村基层协商的公正性和正确方向，能够及时回应乡村基层协商过程中的各类矛盾和冲突，承担协商引领的角色具有必然性和合理性。

乡村基层党组织作为推进乡村建构现代化乡村治理体系的核心力量，需要加快向服务型党组织的转变与调试，而乡村治理体系的现代化建构，又从制度建设的角度推动乡村基层党组织的进步与创新，以党内协商引领乡村基层协商，创新组织设置和活动方式，以党代表联系群众制度引领乡村群众广泛参与协商治理，在村民委员会、村民大会的基础上，设立乡村基层协商会制度，将乡村基层协商治理纳入基层党组织的职责范围，明确党组织系统对于乡村基层协商治理的主体责任，把乡村基层协商治理工作列为基层党组织重要工作职责，纳入基层党组织的议事日程，强化基层党组织在乡村基层协商治理中的主导性作用，让乡村基层党组织担负起主导乡村基层协商治理的任务，通过主导并主动融入乡村基层协商民主治理之中，将党的领导体现和贯穿于组织引导村民群众围绕公共事务的民主协商过程之中，提升乡村基层党组织系统的政治领导力、思想引领力、群众组织力、社会号召力，成为乡村基层协商治理的倡导者、设计师、组织者和监督员，进而巩固和加强党在乡村的领导地位。

三 乡村基层协商治理体系的运行步骤

"三治一体"乡村基层协商治理体系主要包括自治系统、法治系统、德治系统和基层党组织系统，保障了整个体系的规范运行。自治系统构成"三治一体"的乡村基层协商治理的主体参与保障；法治系统构成"三治一体"乡村基层协商治理的法治保障；德治系统构成"三治一体"乡村基层协商治理的德治保障；基层党组织系统构成"三治一体"乡村基层协商治理的组织与核心领导保障。

"三治一体"乡村基层协商治理体系是一种基于过程、程序、合作、参与、认同的治理机制,其运行是以功能耦合的乡村基层治理体系为基础,将协商嵌入乡村事务的决策中,设计一套完整的程序与制度体系来控制与运作,实现协商与决策各个体系环节紧密衔接、有机互动和互促共进,用以保证决策与实施的正当性和合法性,是一种新型有效的民主程序性运行模式。其基本运作主要涉及协商规则的制定、协商程序的规范和协商决策的落实。协商程序有利于协商治理的有序开展,主要包括议事准备、协商决策、决议执行以及监督反馈等环节,各个要素之间相互联系、相互促进,形成一个有机联系的整体与完整的体系。

(一)议事准备

议事准备是"三治一体"乡村基层协商体系运行的起点,主要包括协商议题的提出和确定、协商程序各环节参与者的确定、主持人的选定三部分。协商议题的提出和确定是"三治一体"乡村基层协商治理体系运行的第一步,主要针对乡村公共事务的决策,协商议题选择是否合适直接影响协商初级阶段的质量。除了村两委成员、党员、村民代表、乡村各类社会组织外,协商议题的提出者最主要的还有全体村民群众。在村党组织的领导下,村"两委"成员通过日常直接或者间接调研走访,收集整理出村民群众共同关心的问题,结合实际制定议题范畴。在此基础上将议题范畴向村民群众公布,以便进一步广泛收集村民群众的反馈意见,然后由村两委进行整理归纳,集中商议研究决定协商议题。确定协商各环节参与者是第二步,必须保证村民协商的充分性、平等性、自主性和公正性。

在"三治一体"乡村基层协商治理体系运行中,协商议事参与者主要分为三类。第一类是负责组织并主导整个协商过程的村"两委"成员;第二类是具体协商议题的利益相关者,主要是村民群众,也包括村民代表、党员、乡贤等,这也是协商议事的主体参与者;第三类是整个协商过程的监督主体,在一般情况下,监督主体是无关涉协商议题利益的第三方,由此保障整个协商过程的公正和科学。同时,其他利益相关者或者对协商议题感兴趣的村民群众及其他人员也可以自愿参加。选定协商议事会议的主持人是第三步,"三治一体"乡村基层协商议事会议的主持人必须提前熟悉议事流程,具备较强的组织能力和现场应变能力,能引导推动协商参与者积极讨论发言并掌控整个协商议事过程。不管是由一般人员还是由相关专业人员担任协商会议主持人,都力求做到公平公正,无任何偏好倾向。

(二) 协商决策

协商决策作为"三治一体"乡村基层协商治理体系运行的核心环节,直接关系到整个协商议事过程的成败,协商决策主要包括民意表达、偏好转换、达成共识、作出决策四个方面。民意表达不是简单随意的交谈、聊天,其本质意义是协商参与者以理性的态度和方式充分地表达他们自己的观点、意见,其沟通的载体可以是摆事实、讲道理,在必要时也可以采取辩论的方式。协商参与者必须提前熟知协商议题相关内容,在提出他们自己的观点、支持或反对别人观点的时候,都必须陈述理由、据理力争,在表达自己意愿的同时也可以以理服人,由此赢得其他参与者的支持。民意表达强调信息的交流互通,在其自身观点输出的同时要求接受他人意见的输入,不同思想观点的交锋,可以让协商参与者进行互相权衡和比较,以此检视完善他们自己的观点并得以作出最优决定。可以说民意的理性表达是实现偏好转换的基础。由此,就提出了偏好转换的问题。偏好是个体内心的一种主观情感和倾向,政治生活中的偏好主要是指主体对某种利益所表现出来的价值倾向选择。偏好具有显著的个体差异,并且会受外部客观条件的影响而发生改变。

由于现代乡村社会的多元性,协商主体的个体偏好不可能完全一致,对同一件事站在其自己的立场和经验出发去思考就会产生不同的想法。如何实现协商个体偏好向集体偏好理性转换是偏好转换机制要考虑的现实问题。偏好转换对前一个机制民意表达有较强的依赖性,在民意理性表达的基础上,协商主体经过陈述其自身的偏好和听取别人的偏好,进行认真的反思、比较和权衡,这个时候会产生三种情况:保留自身观点并说服他人接受自己的观点;根据别人的观点对其自身观点进行一定的修正和完善，使其自身观点与他人观点凝聚达到一定的趋同；被他人说服放弃自己的观点，赞成和支持他人的观点。无论是哪一种情况，都有一方或者多方产生了偏好的转换。偏好转换强调相互启发、相互理解、彼此让步以及相互妥协，进而达成一致意见和共识。经过民意表达和偏好转换两个关键机制的铺垫，协商才有达成共识的可能，即协商个体就协商议题内容达成一个共同认可的意见。消除所有协商个体偏好之间的差异达成一致共识是乡村基层协商治理运行体系最理想的结果，但是在现实生活中，由于受乡村复杂多元利益格局的影响，这种情况几乎不可能出现。当一致共识难以达成时，"多元共识"也是不错的结果。多元共识即部分协商参与者尽管不能从内心真正认同某个观点或建议，但是考虑到实际需求，秉承"公共利益最大公约数"的原则和真诚解决问题的意愿，在保留协商其自身个体偏好的同时对其他偏好进行妥协从而达成"多元一致"。

（三）决议执行

经过一系列协商程序达成了协商共识并作出了决策，协商共识必须得到村民的广泛认可，同时在对协商共识进行广泛的公示后，必须对协商决议事项予以坚决执行，如何组织决策的实施执行是防止"三治一体"乡村基层协商治理体系落空的根本。在村党组织的领导推动下，在村"两委"的组织下，在广大村民的积极监督参与下，共同把协商决议事项落实好、执行好。村委会和上级政府必须对协商决策落实情况进行有效的指导和监督，并对执行情况开展反馈与监督。[1]

（四）监督反馈

监督反馈贯穿"三治一体"乡村基层协商治理体系运行的全过程。在协商议事准备阶段，协商的议题、协商时间、地点等信息必须提前通过村公告栏、短信、微信等形式广而告知村民群众等各协商主体，使村民群众等广大协商主体享有知情权并对协商议题进行意见反馈。协商会议的整个流程进展必须是全过程公开的，接受村民群众等协商主体的监

---

[1] 王建华、林丽慧：《协商民主视角下的议事程序》，《社会科学研究》2007 年第 6 期。

督。在协商决策执行实施阶段，对协商决策的落实进程必须进行实时公示，以便村民群众等广大协商主体对协商决策结果的实施情况进行监督，对协商决策的落实效果进行反馈。如发现协商决策结果执行不力，广大村民群众等协商主体可以举报反馈以此推动协商决策的真正有效落实。

一个运行良好的"三治一体"的乡村基层协商治理体系必须保证以上基本运行步骤的清晰和完善。

四 乡村基层协商治理体系的运行机制

为了保障"三治一体"乡村基层协商治理体系顺畅运行，除了以上基本的运行步骤外，还要结合"三治一体"乡村基层协商治理体系的整体目标和各个子系统的实际情况，在自治系统、法治系统、德治系统和基层党组织系统中，科学合理设计必要的运行机制，需要建立并处理好在基层党组织协商领导力引领下的两个重要机制。

（一）基层党组织的协商领导力

在"三治一体"乡村基层协商治理体系中，基层党组织的领导核心是基石。基层党组织以党员为纽带，当好村民"保姆"，帮助村民解难题、办实事，通过党建活动和党员履职等方式形成广泛的党建协商网络，将乡村流动党员、企业党组织等纳入乡村基层协商治理范围，构成打造乡村基层协商治理体系的政治保障。通过基层党组织的协商领导力，调动村民群众的协商积极性和协商主动性，在基层党组织协商领导下充分依靠党员群众，积极引导村民群众参与乡村基层事务协商决策和协商监督。

（二）协商监督机制

乡村基层协商治理倡导正式权威的行使与发挥法律的力量，这不仅是大多数协商治理比较成功的乡村所采取的，也是乡村现代文明的重要标志。"三治一体"乡村基层协商治理体系更加注重对法治的顶层设计，这是乡村基层协商治理体系良好运转的保障，科学合理的法治理念和制度从上到下贯彻，实现法治治理，不仅能实现和谐的乡村社会建设目标，也能减少对控制工具的依赖。通过村务监督委员会"寓法于监督"将法治系统与自治系统结合起来，村民自治要依法依规治理，将自治系统纳入法治的轨道。

(三) 协商主体参与机制

传统管理模式注重村民自治中村"两委"以及提高村"两委"的治理绩效，但这样不可避免地降低了乡村治理的整体效率，也无法有效地对乡村治理中的各个主体进行协调。而"三治一体"乡村基层协商治理体系，就要解决各个治理主体各自为政的弊端，建立多层次的利益表达和政治参与平台，优化乡村基层组织良好运行的政治调节机制，提高乡村基层协商治理的整体效率水平，相对于选举、投票诉诸拓宽参与广度，通过"各协商主体"参与机制，有助于弥补村民自治制度价值的式微及其实际运作的"失灵"，重点关注村民在投票前的讨论和投票后有利于找到公共利益之所在的行为。通过"各协商主体"参与机制，明确乡镇、村"两委"、村民、社会组织等协商主体的治理权限、职责划分与合理分工，重视村"两委"与村民、社会组织等协商主体的积极性在乡村基层协商治理体系中的重要性，通过党建引领对乡镇各部门、村"两委"、村民、社会组织等各协商主体进行整合与协调，真正建立一个明确、具体、操作性强的村民参与协商平台和议事规则，实现村民自治运作效能，整体推进乡村社会的民主发展进程。

下篇　机制与案例

下篇 扶桑竹枝詞

第五章
乡村基层党组织的协商领导力

党的十八大提出："要健全基层党组织领导的充满活力的基层群众自治机制，以扩大有序参与、推进信息公开、加强议事协商、强化权力监督为重点，拓宽范围和途径，丰富内容和形式，保障人民享有更多更切实的民主权利。"① 在"三治一体"乡村基层协商治理体系中，基层党组织处于协商领导地位，其功能主要是确保乡村基层协商民主治理沿着党和国家协商民主的方向发展。

第一节 乡村基层党组织的协商领导力概述

政党是治理国家不可缺少的工具，执政党又是国家治理成功的关键所在，中国共产党是中国最高政治领导力量。"中国特色社会主义最本质的特征是中国共产党领导，中国特色社会主义制度的最大优势是中国共产党领导。"② 在我国乡村基层协商治理实践发展中党的重要地位和作用是不可替代的，在实现有序的乡村基层协商治理发展过程中，必须承担起我国乡村基层协商民主发展中领导与推动的作用。③ 社会主义基层协商治理的内涵与价值在于注重乡村基层民众之间分歧的共同讨论与共

---

① 《十八大报告辅导读本》，人民出版社2012年版，第27页。
② 习近平：《决胜全面建成小康社会 夺取新时代中国特色社会主义伟大胜利——在中国共产党第十九次全国代表大会上的报告》，人民出版社2017年版，第20页。
③ 林尚立：《有序民主化：论党在中国政治发展中的重要作用》，《毛泽东邓小平理论研究》2005年第3期。

识的达成，在达成具有最大公约数的共识、保障乡村普通群体特别是弱势群体的主体地位、激发不同层次普通民众参与到乡村公共事务讨论中的积极性、促进乡村公共事务的公开公正民主决策，密切乡村基层干部与不同村民群体的关系，巩固扩大党在广大乡村的执政基础具有重要的作用。

中国共产党因其广泛的代表性、权威领导性而成为中国特色社会主义协商治理的引导者、领导者、推动者和实践者。因此，乡村基层党组织不仅是乡村基层协商治理的主体，也是乡村基层协商治理的组织者和协调者，主导乡村基层协商治理进程、综合基层协商过程中不同群体的意见与分歧，采纳最终形成的协商方案。乡村基层协商治理作为我国协商民主体系中的基础部分，必须在基层党组织的领导下推进，以村民群众当家作主和依法协商相统一，实现党领导下的乡村社会的协商治理发展的目标。

一　乡村基层协商治理的组织保证

中国共产党在乡村的一切工作都是以基层党组织网络作为支撑开展的。因此，乡村基层党组织是乡村振兴发展的领导核心，始终代表着乡村基层广大村民群众的根本利益，它不但是党和政府联系乡村广大村民群众的桥梁和纽带，同时也是乡村基层协商治理在乡村得以开展的重要组织保证。

广大乡村基层是中国共产党的社会基础，基层党组织的组织网络深入乡村基层社会每个角落，乡村基层党组织网络完善，每一位党员都起到先锋模范带头作用，党的网络根基才能坚强牢固，基层党组织网络才能发挥战斗力。进入新时代以来，党中央大力加强乡村基层党组织建设，吸收乡村社会中的致富带头人等新生群体进入党的队伍，使乡村中的党员人数不断增长，全国9000多万名党员中乡村基层党员的比例占了三分之一以上，是中国共产党在乡村地区的先进分子和可依靠的基层骨干力量，是中国共产党实现乡村振兴发展的基础力量，是农业现代化、乡村文明、村民富裕的领导者、推动者、实践者，在乡村社会里代表先进生产力、代表先进文化发展方向、代表最广大人民群众的根本利益，负责贯彻落实党的理论、路线、方针、政策等。"基础不牢，地动山摇。"因此，广大乡村地区是国家治理体系的"神经末梢"，是联系服务村民群众的前沿阵地，乡村基层党组织是否坚强有力，事关党在乡村的全面领导，事关乡村基层政权的稳固，事关村民群众生活福祉和乡村社会大局的和谐稳定。习近平总书记指出：村级基层党组织要发挥核心和战斗堡垒作用。①

伴随着中国特色社会主义事业进入新时代，中国乡村社会正经历着前所未有的历史巨变，并处在一个历史发展的重要十字路口，各种新问题新情况层出不穷，为了使传统中国特色的广大乡村不被城市化、工业化的巨轮吞没或任其枯萎衰败，必须对广大乡村进行整体化的改革，以健全有力的协商治理方式和手段使传统的乡村成为富有生机和活力的全面复兴的现代乡村社会，这成了影响中国在新时代全面建成社会主义现代化强国及实现中华民族伟大复兴的一个关键。中国共产党的性质、使命以及"以人民为中心"的理念和群众路线的传统，既不能任由广大乡村社会"空心化"蔓延，也不能放任广大乡村社会自然枯萎，而一些传统的乡村社会问题处理方式方法又不能适应时代发展的要求，特别是乡村民众思想观念发生了深刻变化，村民的民主意识日益增强，个体利益诉求日渐强烈，要求对公共利益和公共决策有更大的发言权。

进入新时代以来，由于国内主要社会矛盾的转变，特别是党和政府对乡村政策从管理到治理的转变，迫切要求乡村基层党组织进一步优化和改进与乡村基层社会各方面的互动连接实现机制。乡村社会是基层协商治理的重要场域，因此，党的领导在"三治一体"的乡村基层协商治理体系中具有举足轻重的作用。"有效的基层民主体系一定建立在强有力的政党权威基础之上。"② 党的十八届三中全会指出："协商民主是我

---

① 习近平：《干在实处 走在前列》，中共中央党校出版社2006年版，第361页。
② 林尚立：《在有效性中累积合法性：中国政治发展的路径选择》，《复旦学报》（社会科学版）2009年第2期。

国社会主义民主政治的特有形式和独特优势，是党的群众路线在政治领域的重要体现。"①《关于加强社会主义协商民主建设的意见》要求加强乡村基层协商民主建设，必须坚持基层党组织的领导。

从党的领导的民主属性来看，"协商民主是实现和改进党的领导的重要方式，协商的过程既是广泛听取各种不同声音、充分吸收有益意见和建议、不断改进领导和执政方式的过程，同时也是让社会各方面了解和接受党的政治主张和路线方针政策的过程。"②把协商民主作为一种治理手段嵌入乡村社会的治理过程中，一方面通过开放式的党组织建设，吸纳整合有效的民众意见，提高乡村基层党组织决策的科学性；另一方面通过协商治理的方式和手段提供有效化解新时代乡村社会出现的各种矛盾和利益冲突的途径，从而使广大传统乡村社会在城市化工业化的浪潮中保持发展和谐稳定，真正把基层党组织建设与传统乡村社会协商治理发展有机统一起来，在协商共治发展过程中，增强乡村基层党组织领导乡村基层社会协商的有效性。因此，乡村基层协商治理实践发展不仅可以增强基层党组织在乡村社会中作为核心领导的合法性，激起基层党内民主的创造力，提高乡村基层党组织治理决策水平，使广大基层党员干部能够更加面对面、直接、真实地联系村民群众、服务村民群众，听取、协调、整合村民群众的多元利益和满足村民群众多样化的利益需求。

从中国的协商政治文化来看，"自古以来，中国所有的协商都需要一个威权性权力去处理协商中出现的分歧。"③在我国广大地区的乡村基层协商治理实践中，基层党组织的领导处于核心地位，不仅仅是为了保证协商治理实践正确的政治方向，也是为了保障广大村民有序、理性地参与到协商治理实践中来，最大限度地把所有村民群众组织起来，最广泛、最有效地动员一切力量，形成乡村基层协商治理实践的合力，发挥

---

① 《中共中央关于全面深化改革若干重大问题的决定》《求是》2013 年第 22 期。
② 陈家刚：《党的领导与协商民主》，《江汉论坛》2018 年第 11 期。
③ 何包钢、黄徐强：《儒式协商：中国威权性协商的源与流》，《政治思想史》2013 年第 4 期。

乡村基层党组织领导力的优势，使乡村基层党组织成为党的协商治理政策的宣传者，党的协商决定的贯彻者，协商治理实践的领导者，团结村民群众的动员者、推动者。"协商民主的成功实践离不开执政党的积极倡导与推动。"① "我们要保证农村基层民主建设方向的正确性，就离不开党的领导。"② 因此，开展乡村基层协商治理实践，必须在乡村基层党组织的领导下，把乡村基层协商治理实践与村民自治有机融合起来，防止乡村基层协商治理实践走向偏差。

二 乡村基层协商治理的主导力量

中国共产党作为执政党，其组织体系深入乡村社会基层，在乡村社会的发展建设中必然处于核心地位，必然成为与村民群众协商沟通的重要政治主体，是党凝聚民心、发动村民、引领乡村发展的核心。从现有的状况来看，作为中国共产党在乡村的一个基层组织，乡村基层党组织是乡村社会的领导力量，是乡村政治生活的中心与村民群众打交道最频繁，接触最直接，管理的事务涉及面最广的党组织。能否与乡村社会实现有效沟通，关系到中国共产党整个战略目标的具体实现，是一个具有重要作用和影响的主体，在乡村基层协商治理中扮演了重要的角色，是基层协商治理运用于乡村社会的有力推动者，乡村基层协商治理发展的好坏，最直接地关系到村民群众的切身利益。乡村基层党组织作为引导乡村基层协商治理的主体，具有连接国家权力和广大村民群众的双重职责，既是党的协商领导力的落脚点，也是党领导乡村建设的最终体现，是实现有序协商的主导力量。

乡村基层党组织要从协商议题的提出、协商过程的组织到协商决策的落实全过程起主导作用，在协商过程中发挥组织不同协商主体沟通对话，促进不同协商主体各方团结，制定规章和监督规章执行，并在多方主体协商失败时采取补救措施等功能。因此，要发挥乡村基层党组织的协商主体功能，指导动员、组织广大村民群众积极参与，搭建平台，将

---

① 何包钢：《协商民主：理论、方法和实践》，中国社会科学出版社2008年版，第63页。
② 原敏：《党领导下的农村基层民主建设》，《改革与开放》2014年第10期。

协商治理与村民自治、法治、德治有机结合起来，在推进"三治一体"乡村基层协商治理中发挥协商领导力的核心作用。由此，加强基层党组织对乡村基层协商治理的领导就转换成为建构乡村基层党组织引领乡村经济社会发展连接机制的实践命题，其核心在于发挥基层党组织"密切联系群众"的政治优势，实现对乡村社会的整合，以基层党组织协商领导力实现对乡村基层协商治理的有效引领。

三 乡村基层党组织协商领导力的内涵

领导是"领"与"导"的有机统一。乡村基层党组织对乡村基层协商治理的领导是集协商示范、引导、纠正、监督等多种功能于一体的过程。而"基层党组织的协商领导力"是基层党组织按照党的协商治理要求，制定正确的、具体的协商政策，发挥其自身协商主体地位，影响和吸引其他协商主体参与协商的本领，它体现在协商中的"政治领导力""思想引领力""群众组织力"以及"社会号召力"方面。基层党组织的协商领导"四力"是互为一体的，共同构成了一个完整的协商合力结构，政治领导力提供了最根本的协商方向，思想引领力提供了根本的协商思想指导和协商价值观指导，群众组织力提供了协商群众的来源与组织群众协商的框架体系，社会号召力强调的是协商目标的现实性与群众的协商主动性，在基层党组织协商中填补了协商目标引导和引领群众协商中的空白，从而形成了比较完善的协商逻辑框架，为组织动员广大人民群众实现协商目标起到了引领凝聚作用，体现出鲜明的时代性和实践性，对乡村协商治理有着重要的意义。

乡村基层党组织的协商领导力，是乡村基层协商治理发展起来的重要保证。因此，基层党组织在其协商领导力的引领主导下，能够推动整合乡村基层各类社会组织和各种社会协商资源，调动广大协商主体的协商积极性和参与协商的热情，形成党群共同协商、共同参与、共同治理，巩固基层党组织在乡村基层协商治理中的领导地位。

（一）以政治协商领导力保障党的协商政策在乡村的落实

要增强乡村基层协商治理实践的有效性，就必须选择一个真实而有效的组织载体和规范的操作平台,而这个组织载体和操作平台在我国的政治环境中只能是乡村基层党组织系统。从我国的政治制度安排来看,党的组织网络不仅从上到下"一贯到底",而且基层党组织网络在广大乡村的组织体系中组建得最为完善,为"三治一体"乡村基层协商治理体系的运行提供了组织化的载体和规范化的操作平台。目前,全国有34321个乡镇建立了党组织,60.5万个建制村建立了党组织。在最基层的广大乡村,基层党组织是乡村一切社会和群众组织与全部工作的领导核心,在政治方向上对村委实行领导。即在一个行政村,党组织是做决策的,党组织作为乡村基层协商治理的领导者,必须肩负起乡村基层协商治理实践的领导角色、教育角色和监管角色。截至2016年底,全国村民委员会中有57.78%的成员是中共党员;行政村党组织书记和村民委员会主任达到34.23%的"一肩挑"。2021年广东省村(社区)"两委"换届后,村党组织书记和村民委员会主任达到了100%"一肩挑"。[①]

我国宪法和法律明确规定了乡村基层党组织按照宪法和党章、依照党的组织原则和协商规章制度,领导乡村基层各类经济社会组织依法开展乡村社会建设及公共事务协商,指导并支持乡村基层人民群众开展乡村各项公共事务协商实践活动,行使宪法以及法律规定的民主权利。协商的基本任务主要是:一是对党的大政方针政策的宣传普及;二是基层民情的上传和反映;三是教育管理广大村民群众维持生产和生活秩序;四是党有关发展"三农"各项政策的落实。具体而言,就是乡村基层党组织从各个方面强化对乡村整体发展的谋划,提升对乡村的政治、经济、文化、生态文明等的协商指导水平,带领乡村党员和广大村民群众沿着党的乡村振兴的战略目标共同奋斗,从而稳固乡村基层党组织协商领导地位。党中央推进协商治理广泛多层制度化发展,为乡村基层协商治理实践提供了强大动力和有力保障,在落实党和政府的协商治理方针政策时,乡村基层党组织更要注重发挥协商领导力,通过协商治理搭建起政府与村民互动的平台,在公开的平台上进行平等的对话交流,基层

---

① 《羊城晚报》2021年5月7日第A2版。

党组织通过向村民解释党的各项政策,宣传上级政府传达的文件精神,以及听取村民群众意见制定出更符合本村情况的具体实施细则,汇集村民群众的集体智慧,吸纳全体村民群众的意见建议,共同推动各项政策的落实,推动乡村经济社会振兴。

(二) 以协商思想力引领乡村基层协商治理的方向

乡村基层党组织的协商领导力主要体现在协商治理实践方向引领和确保协商整个过程与结果公平公正,能够保证乡村基层协商治理实践的公正性,着重在协商政治方向上实施领导,是对乡村基层协商治理实践方向的把握,提供协商组织的保障以及协商思想的引领。

乡村基层党组织掌握熟知党的协商方针政策,依据宪法和党内法规开展各种协商实践活动,并受宪法和党章的双重约束,具备良好的协商组织与协调能力,发挥协商主导作用和协商政治领导力作用,保证乡村的政治、经济、社会发展各方面事务的协商不偏离党和国家发展基层协商治理的方向和目标,支持乡村社会公共组织建设,凝聚各方社会力量和社会资源,真正体现倾听民情民意,积极关心村民群众生产和生活需求,激发村民参与村中公共事务的积极性,相关的协商操作在宪法及党的政策范围内进行,合理利用所掌管的社会资源,能够站在客观的立场上,对提出的协商议题制定可操作化的执行方案,能够及时回应乡村基层协商治理过程中的各类矛盾和冲突,使乡村基层协商治理的运行更加规范化。

"协商民主的过程是实现和改进党的领导的重要方式,协商的过程既是广泛听取各种不同声音、充分吸收有益意见建议、不断改进领导和执政方式的过程,同时也是让社会各方面了解和接受党的政治主张和路线方针政策的过程。"[1] 基层党组织通过搭建协商治理实践的平台,主动吸纳不同层次人群的声音,有利于提升基层党组织自身的包容性和开放度,促进基层党的自身建设。已有的乡村基层协商治理实践也表明,只有以协商治理的思维创新乡村基层党建形态,将公共权力合理运用于乡

---

[1] 陈家刚:《党的领导与协商民主》,《江汉论坛》2018年第11期。

村社会建设中，坚持党的群众路线，利用基层党组织自身及村委会、村集体经济组织、共青团、妇代会等群众组织的影响力在协商治理中践行群众路线以"掌舵"者的角色组织各利益相关者，协调各方利益关系，带领这些"航手"朝着"共同的善治"与"理性求共识"的协商方向"划桨"，才能真正在村民中获得决策合法性认同，使基层党组织在乡村的协商领导地位得到巩固。

（三）以群众组织力动员村民积极参与公共事务协商

乡村基层党组织要保持其自身组织力量的有效性，需要将党组织自身协商建设与乡村基层协商治理的发展有机结合起来，寻找动员广大村民群众参与乡村公共事务协商的新途径与方法。乡村基层党组织自身协商建设的社会基础是群众路线，因此，要积极与村民群众相结合，运用乡村基层协商治理，加大乡村基层社会组织建设，凝聚乡村社会力量和社会资源，真正倾听民情民意，积极关心村民群众的现实需求。从党关于乡村基层协商治理的内容规定来看，凡是事关村民群众利益的重大事项都要开展民主协商，听取广大村民群众和其他利益相关者的意见建议，夯实群众协商组织力，贯彻落实好党关于发展乡村基层协商治理的要求和目标。已有的乡村基层协商治理也表明，只有以协商治理的思维创新乡村基层党组织协商形态，将公共权力合理用于乡村社会建设，组织村民群众积极参与、有序参与，使民主协商落到实处，才能真正在村民群众中获得决策合法性认同。通过协商服务型党组织建设，引导乡村基层党组织强化群众协商服务意识，立足乡村实际推进协商服务实践创新，夯实乡村基层协商治理的载体。

（四）以社会协商号召力影响凝聚乡村多元协商主体

"经济发展程度和人民的富裕程度与公民的理性意识、参与意识、自主意识以及公德意识呈正相关。"[①] 利益关系是传统乡村基层社会最重要、最复杂的社会经济关系，是形成乡村社会结构和建立乡村经济文化社会关系的基础，经济利益的驱动是乡村社会组织和乡村发展的原动

---

① 吴光芸：《协商民主：新农村政治建设的重要途径》，《调研世界》2008 年第 2 期。

力。由于我国乡村各主体缺少一种常识化的协商治理的思维和常规性的协商机制，因此导致了乡村基层协商治理不能顺畅在乡村治理过程中呈现，不仅从根本上妨碍了多元协商主体之间发生建设性的积极关系，而且导致广大村民不能通过协商的渠道对多元协商主体施加积极影响。

随着乡村社会的多元发展，出现了一些发家致富的"能人"和"富人"群体，这些"能人""富人"往往出于其自身的经济利益，对基层党组织及政策制定产生影响，在选择和考虑的过程中，普通村民往往被排除在选择考虑过程之外，导致乡村最主要的村民群体对乡村公共事务协商决策参与的缺失。基层协商治理的引入，为村民群众提供了一条表达自我利益诉求的合法渠道，各方利益主体在平等的条件下，通过对乡村公共事务进行公开讨论，最终实现民主决策，既充分听取了民意，又通过法定的渠道使决策具有合法性。

由于村民之间、村民与村委会之间、干群之间、村"两委"之间存在着错综复杂的利益网，因此乡村基层党组织承担着乡村各种复杂利益关系网的调控者和整合者的职责。作为乡村先锋队的基层党组织，理应是广大村民群众的利益代表者，要保护村民群众的合理合法权益，谋求村民群众根本利益和长远利益，这是践行党全心全意为人民服务宗旨的必然要求。一方面，乡村基层党组织创造了利益表达的渠道和条件，充分了解村民利益诉求，积极反映村民的愿望和意见，普通村民的想法、意见能够直接或间接地体现在最终的决策之中，增加了村民对基层党组织的信任，提高了村民参加乡村公共事务协商的积极性。另一方面，乡村基层党组织以党的协商政策为指导，在求同存异的协商原则下达成各协商主体的基本共识，破解复杂的利益关系网络，化解各种纠纷和冲突，实现最大化的利益整合，成为乡村基层各协商主体利益的代表者。

第二节　乡村基层党组织协商领导力的实践探索

进入新时代以来，如何更好地发挥乡村基层党组织的协商领导力，真正成为乡村基层协商治理的主导者，全国各地乡村基层党组织根据各自的实际大胆创新，积极主动开展乡村基层协商治理，提升协商领导力，创新协商领导力，推动基层协商治理不断取得成效。

一　实践探索取得的成效

在尊重乡村社会自主与多元的基础上，各地乡村基层党组织不断转换思路，用新方式组织动员乡村社会民众，发挥乡村基层党组织协商领导力的统合优势，实现了对多样性乡村社会的整合和组织化指引，使多重协商主体和多重协商制度逻辑能够协商发力，通过"党建+经济协商、公共决策协商、文化交流协商和乡村社会规划协商"等的协商治理，强化党员干部的协商意识，鼓励和支持党员干部积极参与乡村基层协商治理，切实发挥好乡村基层党组织协商领导作用和党员的协商示范作用，引领广大协商主体广泛参与乡村基层协商治理，使乡村基层党组织协商领导力在乡村基层协商治理中真正起到主导作用。

（一）加大了基层党组织协商领导力的制度建设

新时代推进以乡村基层党组织为核心的乡村基层协商治理的发展创新，其根本的政治保障是加强党的协商领导，要充分发挥乡村基层党组织的协商领导力作用，为乡村基层协商治理提供坚强的政治保障。党的十九大、二十大对加强乡村基层党组织引领乡村基层协商治理作出规划部署，要求以提升协商组织力、协商领导力为重点，突出政治协商功能，把乡村基层党组织建设成为宣传党的协商主张、贯彻党的协商决定、领导乡村基层协商治理、团结动员村民群众、推动乡村基层协商治理发展的核心。

根据党中央对发展乡村基层协商治理的顶层政策设计，各省市自治区也制定了具体的发展乡村基层协商治理的规章制度，明确乡村基层党组织在乡村基层协商治理各个环节的规范要求，明确基层党组织在协商治理中的具体职能和要求，加大了对乡村基层党组织协商领导力的建设。如《广东省加强党的基层组织建设三年行动计划（2018—2020年)》针对一些乡村基层党组织在协商治理过程中存在的协商领导力弱化、虚化、边缘化问题，明确提出把乡村基层协商治理同乡村基层党组织建设紧密结合起来，坚持乡村基层党组织建设引领乡村基层协商治理的基本要求。健全乡村基层党组织领导下的"三治一体"的乡村基层协商治理机制，使基层党组织协商领导力作用发挥与乡村治理机制有机衔接、良性互动，做到协商议题由基层党组织提议把关，协商过程由基层党组织牵头主导，协商结果由基层党组织督办实施，确保了乡村基层协商治理不偏离党的协商政策方向。

乡村基层党组织建设的核心就是把党的领导与乡村基层协商治理有机结合，坚持将基层党组织自身建设作为引领，以基层党组织内的协商引领乡村基层协商治理的方向，发挥基层党组织在乡村基层协商治理中的协商领导力作用，强化基层党组织在乡村基层协商议题、主体、内容、形式、程序和成果应用方面的主导作用，凡涉及乡村重大事项，必须由乡村基层党组织在广泛征求党员和村民等不同协商主体意见的基础上提出议题，再由村"两委"联席会议商议通过、党员大会审议、村民代表会或村民大会决定，决议和实施结果都需要向全体村民及相关利益主体公开。

（一）"头雁工程"夯实了乡村基层党组织的协商领导力基础

《中国共产党农村基层工作条例》明确规定，以全面提高乡村基层党组织领导力为目标，加强乡村基层党组织自身建设，加强乡村基层党员干部队伍的教育、管理、监督和服务，努力提高乡村基层党组织联系群众、服务群众、组织群众、宣传教育群众的能力。2018年10月23日，习近平总书记在广东英德市视察时明确指出：火车跑得快，全靠车头带。根据习近平总书记的指示精神，广东省委实施了乡村基层党组织的"头雁"工程，制订了"党员人才回乡计划"，严格规范设置村一级党的组织网络，加强村一级党组织领导班子和党员干部队伍建设，坚决撤换调整了一批政治上不合格、经济上不廉洁、能力上不胜任、工作上不尽职的村一级的党组织书记，同时放开视野，按照《中国共产党章程》和党员干部标准与条件选拔乡村外出务工经商优秀人员、乡村创业致富模范带头人、返乡创业的大学生党员、离退休干部中的优秀党员担任村一级的党组织书记,制订村一级党组织书记后备队伍选拔的制度机制,夯实了乡村基层党组织的协商领导力基础。在2021年广东村(居)"两委"换届工作中,在新推选出的村(居)民代表115万名中有43.4万名党员代表,8.8万名党员成为村(居)民小组长,党员人数比例超过30%。

广东实施"头雁"工程后,2021年全省26244个村(社区)"两委"换届后,村(社区)"两委"干部质量明显提高,其中村(社区)一级的党组织书记学历、年龄实现了"一升一降",大专以上学历占62.8%,比上届提高了25.2%;平均年龄为44.4岁,比上届下降了2.8岁。[①]与此同时,广东2021年村"两委"换届工作,首次把村级配套组织统筹纳入换届中,推动村(居)务监督委员会、村级集体经济组织等其他组织换届和村(居)民小组长、村(居)民代表等人员推荐与村(社区)"两委"换届同步推进、任期相同,同步做好村(社区)共青团、妇联等群团组织换届工作和民兵组织建设工作。[②]乡村基层党组织凝聚力组织力大大增强,进一步夯实了乡村基层党组织协商领导力的群众基础,进一步提高了乡村基层党组织协商领导力水平。

(三)着力提高乡村党员干部的协商领导力素质

在乡村基层协商治理中,乡村基层党员干部的协商领导力极为重要,在一定程度上直接决定了基层协商治理的成效。为了提高乡村基层党员干部的协商领导力,全国各地积极开展对乡村党员干部的协商能力素质的培训学习,通过学习培训提高乡村党员干部对乡村开展基层协商治理的意义、内涵、作用等问题的认识,引导广大乡村党员干部站在破解当前我国乡村治理困境,提高乡村治理水平与成效的高度来认识乡村基层协商治理的价值与必要性,培育乡村基层党组织协商领导力的内生动力,提高党员干部群体权利意识、主体意识、平等意识、法律意识、参与协商治理的意识,引导村民将选举权利与参与乡村基层事务的协商权利相结合。2021年广东村(社区)"两委"换届完成后,各级组织部

[①] 《羊城晚报》2021年5月7日第A2版。
[②] 《羊城晚报》2021年5月7日第A2版。

门紧锣密鼓地制订专门针对乡村基层党员干部协商领导力培训计划，通过加强协商培训赋能，推动村（社区）"两委"成员尽快进入基层协商主导者角色。省委组织部专门制定村（社区）"两委"干部协商能力素质提升方案，计划从全省选调优秀村（社区）党组织书记、红色村党组织书记、女性村党组织书记、退役军人村（社区）党组织书记和村（社区）"两委"干部近 2000 人，开办省一级的协商素质培训班，提高党员干部的协商领导力。全省各地市组织部门也组织实施以基层党组织带头人为重点的换届后村（社区）"两委"干部协商领导力素质提升行动，各地级以上市重点对新任村（社区）党组织书记开展协商能力培训，县级确保村（社区）党组织书记、村（居）委会主任、村（居）务监督委员会主任、村级集体经济组织负责人至少参加一次县级以上协商能力的集中培训，乡镇（街道）党（工）委对其他村（社区）"两委"干部开展全覆盖协商能力的培训。目前全省已开展协商能力培训 2895 场，培训达 16.5 万多人次。①

通过学习培训，大大提高了乡村基层党员干部的协商主体角色认知能力和协商领导力。在提升乡村基层党组织协商领导力的实践探索中，广东省 G 市 Z 区 X 镇基层党组织探索总结出了"五五三"协商工作法，就村民关注、关心的问题以民主协商方式广泛听取村民的想法、意见，走出了一条乡村基层党组织号召和发动村民参与协商治理的切实可行的新路径。第一个"五"，即"五个明确"定协商标准：明确责任党员协商范围、明确联系协商服务对象、明确协商活动组织安排、明确协商联系服务方式、明确协商解决问题机制。第二个"五"，即"五个传帮带"定协商任务：传帮带学习党的协商路线方针政策、传帮带协商化解矛盾、传帮带协商解决具体困难、传帮带协商创业致富、传帮带遵章守法协商。"三"，即"三个考评"定协商成效：党小组每月开展一次协商评议会，党支部每季度召开一次党员协商大会，测评每名党员落实联系户协商活动情况，镇党委对各村基层党组织落实联系户协商活动情况开展

---

① 《羊城晚报》2021 年 5 月 7 日第 A2 版。

年度考核。

通过基层党组织协商领导力建设，广大乡村基层党组织强化了协商发展乡村经济的意识，立足所在镇村社区实际推进经济协商治理创新，提高乡村经济发展水平。2014年5月颁发的《关于加强服务型党组织建设的意见》明确提出，乡村基层党组织要转变工作方式、改进工作作风，把服务村民群众作为自觉追求和基本职责，寓领导和管理于服务村民群众之中，通过服务贴近村民群众、团结村民群众、引导村民群众、赢得村民群众的支持和信任。通过服务型党组织建设，广东省构建了"镇到村、村到组、组到户"的三级乡村基层党组织建设网络，2021年，广东各地换届产生的新一届村"两委"党员干部积极开展基层协商治理，采取走访慰问村民群众、宣传党的乡村振兴富民政策、乡村人居环境治理、服务村民群众等工作方式方法提高村党组织的协商领导力，使广大党员群众切实感受到村"两委"换届后带来的新面貌。在广东省M市M县D村，新选举产生的村"两委"党员干部结合党史学习教育，谋划推进建设集休闲娱乐文化于一体的党员教育基地、村史馆、金柚综合发展馆及乡村振兴培训基地，大力发展金柚产业，推进成立M县区金柚公社，积极探索金柚生产深加工之路，全力推进乡村振兴。[1] 又如广东省Z市L镇Z村党总支书记、村委会主任，2008年放弃在深圳经商发展，回到村里牵头成立了农业机械专业合作社，带领村民把分散的土地集中起来，实行机械化耕作，致力打造优质高效农业。在他的带动下，村里形成一支具有100多人的农村经济职业经理人员队伍，带领300多户群众转型成为职业农民，每年解决1.43万多人次农村季节性剩余劳动力，推动年收入从原来不足4200元提高到1.8万元，每年至少为村集体带来15万元收入。[2]

二 实践探索出现的问题

乡村基层党组织协商领导力实践状况是其自身协商领导力得以实现

---

[1] 《羊城晚报》2012年5月7日。
[2] 《羊城晚报》2012年5月7日。

的具体体现，也是乡村基层协商治理实践有效推进的关键。在推进乡村基层协商治理实践中，乡村基层党组织协商领导力存在如下两个主要的问题。

（一）协商领导力"缺位"

党的十八大之后，乡村基层协商治理开始在广大乡村逐渐推行，党在乡村基层协商治理体系构建上还处于不断探索和完善的过程中，参与乡村基层协商治理的各个协商主体还缺少民主协商政治逻辑的理念和思维，从而还无法形成健全的民主协商逻辑理念和思维支撑，这需要克服一系列基层协商治理中出现的难题。我国乡村基层协商治理"普遍面临着议事主体、制度供给与结果执行等方面的困境与难题"[①]。受社会分化和村民异质化价值追求的影响，乡村基层党组织作为协商机构中的一种组织形式缺位，受不正之风的影响，部分乡村基层党组织没有采取任何措施贯彻执行落实党的基层协商政策，尤其是在实施乡村税费改革后，不少乡村地区"富人治村成为一种普遍现象"[②]。一些乡村基层党组织软弱涣散，领导力明显不足，严重制约了乡村基层党组织与乡村社会之间的良性互动，弱化了乡村基层协商治理的政治和群众基础。

在全国各地乡村基层协商治理的探索中，不少乡村基层党组织在协商治理过程中对党组织自身领导角色定位和功能认识不清晰、不到位，甚至片面地认为当前村民素质不高，不应该开展协商治理，因而对党发展乡村基层协商制度政策的重要性认识不足，在乡村事务协商中呈现出较大的随意性、被动性，在乡村事务协商和决策过程中没有保持群众立场，基层党组织的协商领导力呈现出弱化、虚化、边缘化问题。比如村干部对村公共事务"想协商就协商，不想协商就不协商"，往往"有时间就协商，没时间就不协商"，甚至是"协商之后想执行就执行，不想执行就不执行"。不主动贯彻执行上级党组织有关协商要求，更不能结合所在地区的实际，按照协商原则规范的要求，采取有效措施扎实推进

[①] 杨弘、郭雨佳：《农村基层协商民主制度化发展的困境与对策——以农村一事一议制度完善为视角》，《政治学研究》2015年第6期。

[②] 王海娟：《论富人治村的"私人治理"性质》，《地方治理研究》2016年第1期。

乡村公共事务的协商决策，而是为了应付上级领导的检查督促，做表面协商文章，搞协商的形式主义，比如在公示栏墙上展示一些协商的基本知识，制作一些协商的文件档案，协商治理虚化、表面化、形式化现象突出。"在一些经济发达的地方，领导人民主意识、开拓意识强的地区，基层协商治理发展得较好、卓有成效，而在一些经济相对落后的地区，党委政府对于协商民主的发展投入不足，在一定程度上存在缺位问题。"①

(二) 协商领导力"越位"

广大乡村基层党组织积极发挥协商领导力的作用，形成了乡村基层协商治理蓬勃发展的外部推动力。但乡村基层党组织在大力推动乡村基层协商治理发展进程中又导致了一部分乡村基层党组织协商领导力"越位"的现象。一部分乡村基层党组织往往以认真贯彻落实上级党组织发展乡村基层协商治理的政策为借口，在乡村公共事务协商治理过程中，党员干部对协商过程进行过多控制，致使村民在乡村事务的协商过程中自由表达话语权被削弱及其自身利益的正当诉求缺失，使协商治理实践流于形式。这种情况从根本上背离了社会主义基层协商治理的原则要求和价值定位，不利于乡村基层协商治理实践的开展与推进。

对于乡村基层党组织而言，要在乡村公共事务协商过程中发挥协商领导力作用，要成为乡村公共事务协商的引导者和实践者，需要创新思维意识，转换工作方式方法，用党的协商治理创新理论破解目前乡村基层协商治理中存在的问题。这就要求乡村基层党组织加强其自身建设，提高协商领导力，用协商治理的方式来组织动员乡村民众，既要尊重乡村民众的自主与多元需求的社会现实，又要以党组织的协商领导力实现对多样性乡村民众的整合和组织化指引，通过科学合理、规范有序、简单易行的各种有效协商措施，注重提高广大乡村民众的参与意识和参与能力，通过提议、会议、座谈、论证、听证、论坛等多种形式的基层协商治理实践形式，调动广大乡村民众的积极性、主动性，扎扎实实推进

---

① 余华：《基层协商民主的现状分析与发展对策——以浙江省为例》，《观察与思考》2015年第3期。

乡村基层协商治理的实践。

三 实践探索问题的成因

（一）村党组织与乡村社会协商结构的协同性

从本质上讲，我国乡村社会是一个传统、特殊、复杂、多元的社会领域。进入新时代以来，随着我国社会主要矛盾发生转变，乡村社会不同主体的各种利益诉求不断发生变化并逐渐向多元化和复杂化方向转变，参与乡村基层协商治理的主体随之呈现出多元和复杂。从现有的乡村基层社会的协商主体结构来看，除了村党组织、村民委员会及村民代表大会原有的协商主体外，还有村民群众自发组织的行业协会及乡村公益协会、资本下乡后的企业公司管理组织等不同的新的协商主体。

村党组织是我国乡村基层协商治理工作的倡导者和主导者，是乡村基层协商治理的政治中心。村民委员会是乡村群众直接选举出来为全体村民服务的村民自治组织，是《中华人民共和国村民委员会组织法》确定的乡村自治的法定主体，虽然不是乡村基层协商治理的政治中心，但在乡村基层协商治理中也具有强势而无可置疑的法定权力，即使上级部门也不能侵犯其法定的职责及权限。村民委员会及村民代表大会不仅仅是村民自治的组织形式，也是乡村基层协商治理的主体之一和广大村民行使协商治理权利依托的组织平台。对于广大村民群众来说，村民代表大会更是协商治理必不可少的平台。一些地方出现的村民群众自发成立的各种类型的专业合作社和公共事务建设的公益组织，是乡村基层社会的准公共组织，其主要发挥经济协商职能及社会协商功能、文化协商功能，如果在经济协商职能、社会协商功能与文化协商功能发挥比较充分的基础上，相应的政治协商职能就会自发出现。事实上，它在许多基层乡村政治协商中的影响力甚至超过了村委会的协商职能，从而在乡村基层协商治理中具有不可忽视的重要作用。

因此，有学者提出，"让农民组织在基层农村的政治、经济和社会文化中发挥农民的主体性作用"①。至于带着资本下乡的企业管理组织通过经济协商路径或企业通道，对乡村基层协商治理也开始产生重要影响，许多时候乡村基层协商治理中的经济方面的协商就让渡给了乡村里的企业组织，甚至乡村社会的文化协商也会转移到实力比较强大的企业组织手中。上述各种参与协商的组织、专业合作社和公司，不仅各自有其自己比较独立的权力来源、目标功能及运行逻辑，而且彼此之间互不统属、互不服从、互不制约，各自为政，它们的协商工作计划、协商工作内容及协商工作总结都主要是面向各自的上级主管部门，缺少民主协商的逻辑。在协商工作内容上，各协商主体主要是落实各自上级主管部门的协商工作安排与协商工作任务而很少直接面对村民群众生产生活，村民群众不能用民主参与的方式进行政治意志或其自身要求等的表达，从而使乡村基层协商治理体系呈现出碎片化的特点。

就乡村基层协商治理的主体关系来看，各协商主体自成一体，缺乏协调，不仅没有协商权力中心，而且没有共同的协商圆心，从而多元协商主体彼此之间并不存在一个基于共同协商中心或协商权力圆心而形成的协调者，难以形成一种整体化的协商治理网络，导致难以实现多元协商主体之间在功能及范围上的无缝对接，特别是在协商急、难、险、重等议题的时候，难以找到一个合适的协商主体来承担协商任务，村民群众更不可能运用民主监督要求各个协商主体都来倾听民意。留守乡村的村民作为乡村基层协商治理参与的主要协商者，在这种多元协商主体的格局中也往往会出现遇到急难事却不知道找哪个协商主体进行协商的情形。

当然，乡村基层多元协商主体在协商中缺乏协调，并不意味着各协商主体之间不能产生共识和缺少共同协商行动，除非这种共识产生或共同协商行动有一个上级权力协商机构来组织和协调，否则乡村基层各个协商主体共识的产生和共同协商就容易在一些重大问题上发生分歧和产生冲突。因此，村党组织作为协商主体与乡村其他协商主体之间的地位

---

① 张晓忠、杨嵘均：《农民组织化水平的提高和乡村治理结构的改革》，《当代世界与社会主义》2007 年第 6 期。

职责关系还需要进一步理清理顺，不同协商主体之间存在协商能力差异，协商参与呈现出一种非均衡态势。这种非均衡协商能力与协商参与主要体现在其他协商主体和村党组织在协商人员配置、协商组织机构、协商资源支持等方面的不平衡。在乡村基层协商治理过程中保障普通村民及其他利益相关者的协商主体地位，需要从协商制度上对村党组织协商主导者地位的行使设置合理的边界。通过协商责任的设置、协商过程细节的制度化来稀释强制力的影响，使得协商的目的和强制力的实施达到某种平衡。①

从乡村基层协商治理发展来看，村党组织强大的协商领导力和乡村其他协商主体的协商软弱性形成了鲜明的反差，两者在乡村基层协商治理活动中无法构成平衡的协商结构以及协同的协商互动关系。特别是村党组织和村委会的"二元权力结构"，普遍存在村党组织与村委会"两委"协商主体地位的矛盾。"村级'两委'班子矛盾，既是一个敏感的理论问题，又是一个极具挑战性的现实问题；既有其形成的客观性，又有其形成的特殊性。"② 村"两委"在乡村基层协商治理过程中不是以对手进行互相竞争，就是互相处在观望者的位置，村党组织和村民委员会之间的沟通和协调就十分困难。村"两委"各自都以为它们自己才是乡村基层协商治理体系中的最高权力，在协商过程中遇到冲突和矛盾时又缺乏一个操作性强的沟通和协调机制。因此，有效协调村"两委"协商主体地位的沟通和协调制度机制急需形成。

从乡村基层协商治理的效果来看，乡村自发的社会公益组织、经济专业合作社等自治组织，作为协商主体在协商过程中发挥作用的制度空间有限。各种自发的民间自治组织是乡村各个不同利益群体的直接代表，直接反映不同群体的村民群众的现实和利益需要，与普通的村民群众联系紧密，在乡村基层协商治理中有着独特的优势和作用，是我国乡村基层协商治理中不可或缺的协商主体，也是党以人民为中心的直接体

---

① 褚清清：《微型公共领域理论对协商民主实践的价值》，《天津大学学报》（社会科学版）2016年第2期。
② 薛长胜：《破解农村村级"两委"班子间矛盾的五条途径》，《求知》2009年第7期。

现。但是，村党组织在协商治理过程中往往"直接包办"和"直接替代"，影响了乡村自治组织协商功能的发挥，十分不利于乡村基层协商治理的多元、健康、持续发展。因此，在加强村党组织协商领导力建设的基础上，如何增强与多元主体之间的协商互动，是一个必须解决的现实难题。

(二) 村党组织与乡村协商主体的融合性

近年来，尽管民主恳谈会、村民议事会等乡村基层协商治理实践创新了"村党组织+"协商的成功经验与模式。但是，总的来说，乡村基层协商治理实践的制度不够完善、机制不够健全，乡村基层党组织普遍缺少一种常识性的协商治理意识和常规性的协商治理机制，现有的乡村基层协商治理方式、内容、程度和广度离村民群众的要求还有一定的差距。特别是一些村党组织成员个人综合素质、工作能力跟不上乡村的发展变化，不具备协商领导力意识，因而在日常工作中往往协商动力不足，习惯自作决策，不愿组织协商，这就从根本上妨碍了村党组织和各协商主体之间发生建设性的积极关系，村党组织与乡村基层各协商主体之间缺乏团结合作和协调行动的协商制度黏合剂，而村党组织在团结合作和协调行动上的协商意识和协商领导能力也明显不足，从而导致了广大村民不能通过协商治理渠道对村党组织和各协商主体提出意见或要求，影响了乡村基层协商治理的有序开展。目前，乡村基层各协商主体中的绝大多数都不是按照民主的政治逻辑产生的，而且不是按照民主的程序运行的。即使有些村党组织干部参与乡村公共事务协商，不但其主观意识里没有积极协商的意愿，而且利用他们自己手中所掌握的公共信息资源、社会资源和其协商主体地位的优势，可能间接影响协商的过程和结果，导致乡村基层协商治理形式化。

村党组织在乡村事务协商治理过程中也没有进行协商程序的设置，具体的协商过程过于空泛、缺乏详细的具体协商程序和协商操作流程，即村党组织没有创造相关的协商程序平台为广大村民参与乡村事务协商提供制度化参与机会，从而导致乡村基层社会其他协商主体尚未被有效整合起来，尤其是各协商主体存在"选择性参与"协商的现象，造成了乡村基层协商治理中的多重难题。

首先，村民作为乡村基层协商治理的协商主体缺少协商领导聚合力。"普通农民阶层尤其是处于农村社会最底层的农民对集体活动普遍不甚关心。"[①] 村民之所以不关心、不愿参与乡村事务的协商，主要是协商过程、框架与结果更多地反映了上级主管部门的协商要求与协商意见，而广大村民作为协商主体的协商要求和协商意愿却几乎很难在协商中得到充分呈现。协商者的他者角色很难得到广大村民的认同，即使是由村民选举产生的村民委员会也因为平时与广大村民的协商沟通不够，或只邀请部分村民参与协商，而在协商过程中没有充分的亲和力和领导聚合力，在某些乡村事务的处理上只让普通村民参与协商的某一过程，而在关键过程上却不让普通村民参与。所以村民的民主选举、民主参与、民主决策、民主监督在协商主体的思维方式及行为逻辑中，并没有实质性决定性的政治影响。

其次，在村民中缺少充分的协商公信力。因为村党组织的协商意志、协商内容、协商目标及协商动力激励等都来源于上级政府或部门，广大村民既不能寄希望于村党组织按照他们自己的协商意愿和协商要求来进行协商，也不能寄希望于村党组织在他们自己的需要方面开展协商、解决问题。既然如此，那么绝大部分村民在遇到困难和问题时就不会寄希望于村党组织，甚至也不会相信村党组织的协商领导力。这样一来，普通村民往往无法形成强烈的参与协商意愿。又由于协商监督机制的不健全，极少数宗族势力和极少数村干部直接或间接地干预协商的过程、结果，村民也不能对协商过程、结果进行监督。即使村民选出的村委会，在乡村公共事务中因协商决策与协商监督的不足而协商公信力不足，呈现出"干群之间信赖感弱化、农民心理承受力降低、被剥削感增强以及干部对发展前景信心不足、自我认同感下跌的状态"[②]。

[①] 邱国良：《资源控制、利益多元与信任分层——乡村权力关系视野下的农民政治信任》，《求实》2011年第1期。

[②] 张丽琴：《法制悬浮、功利下沉、信任流失：乡村治理的三重困境分析》，《农村经济》2013年第9期。

最后，村党组织与乡村基层其他协商主体之间的协商缺乏平台保障。因为乡村基层协商治理中的其他协商主体各自在乡村基层协商治理体系中的角色、地位与作用等缺少必要的相互间关系界定，所以各协商主体之间的协商关系的必要协调和合作难以实现。一方面是因为村民自治组织不够健全，村民委员会的协商意识和协商能力跟不上现代协商要求，村民委员会自身的协商职能发挥不足，以至于乡村基层协商治理还缺乏足够的公开性、灵活性和科学性，使得乡村基层协商治理有时仅仅只是走过场，协商治理没有正常有序开展。另一方面是乡村社会民间组织整体发育不足，在发展乡村基层民主问题上，马克思主义理论的基本观点是要求实行民主自治，提出公社是无产者的自治组织的理论观点。乡村社会要进一步提高其自治的内生协商能力，主要得益于乡村社会民间组织自身的成长与发展壮大，但是，当前乡村社会民间组织自身的组织与协商能力较弱，作为协商主体参与乡村公共事务协商的主动性不强。还有就是乡村群众作为协商主体参与乡村公共事务协商的保障机制不够健全，广大村民作为协商主体有效参与乡村事务协商的平台和渠道不足，参与乡村事务协商付出的成本过高，大多数村民在心理、情感上不愿积极、主动参与乡村基层事务的协商。除了村民本身文化知识水平偏低和掌握社会公共信息不足，对乡村基层协商治理的作用和重要性认识不足这个主观因素外，还有一个客观因素是村民基于对乡村人际关系和眼前利益的考量，对乡村基层协商治理的内容、程序乃至结果漠不关心。当下中国的乡村社会基本上还是处于一个熟人或半熟人社会，亲戚、同学、朋友和部属等关系网络错综复杂，这些复杂的人际关系网络不仅会影响乡村基层协商治理的推进，甚至还会干扰乡村基层协商治理的过程和结果。特别是一些地方的宗族势力强大，直接或间接影响着乡村的公共事务协商治理，在乡村基层事务协商过程中，个别协商参与人利用宗族势力对协商过程施加影响。

随着乡村振兴战略的实施和城镇化进程的进一步加快，由乡村土地征用流转、村民房屋拆迁安置、村集体企业资产管理、国家惠农资金分配、村民医保、留守儿童义务教育、村庄环境治理等问题所引发的纠纷和矛盾不断增多，一旦村党组织不及时通过协商方式妥善处理解决这些纠纷和矛盾，一些村民群众的合理诉求在协商过程中不能得到满足或者一些村民群众不合理的诉求不能得到及时有效的解释，抑或是一些村民群众认为村党组织成员在协商处理纠纷过程中存在不公平不公正行为，这部分村民群众就会对村党组织协商领导力产生怀疑进而普遍缺乏对协商的信任，也就容易对通过协商治理途径解决纠纷和矛盾的协商方法丧失信心，从而使乡村基层协商治理的实际效果大打折扣，消解了基层协商治理在乡村社会里的影响力。如果在协商过程中村党组织制定的一些具体的协商机制过于空泛、缺乏详细具体的协商程序设计和协商实施步骤规定，再加上对协商活动的协商政策支持、财力物力保障和协商能力建设指导跟不上，村党组织的协商领导力更是无法发挥。村党组织作为乡村基层协商治理的主导者，对于乡村基层协商治理的结构构建和协商领导力发挥着积极的引导和保障作用，但是目前村党组织本身在协商的职责、职能、思想意识等方面对推动乡村基层协商治理重要性的认识存在一定的问题，这直接影响着基层党组织协商领导力在乡村基层协商治理中主导作用的实现。从协商主体方面，就要最大限度地实现村党组织与乡村基层协商主体的有效融合。

第三节　乡村基层党组织协商领导力的提升路径

针对在乡村基层协商治理中乡村基层党组织协商领导力存在"缺位""越位"的现象，要特别重视乡村基层党组织协商领导力建设，创新乡村基层党组织设置和协商活动方式，加强乡村基层党组织在民主选举、民主决策、民主管理、民主监督的协商领导力的规范化水平，尊重广大党员的民主权利，发扬党内民主，引导广大党员积极参选村民代表及协商议事会代表，乡村基层党组织成员可以兼任协商议事会代表，充分发挥乡村基层党组织协商领导力在乡村基层协商治理中的作用。要把强化乡村基层党组织的政治协商引领力摆在首位，增强乡村基层党组织协商文化的宣传思想引领能力，提升乡村党员干部的协商能力，提高乡村基层党组织协商服务群众的能力，深化乡村基层党组织的自主协商能力，特别要以提升乡村基层党组织的政治协商领导力，将乡村基层党组织的政治协商优势转换成乡村基层协商治理的发展优势，不断激发乡村基层民主的活力，推进乡村振兴发展。

一　坚定政治协商领导力

对于乡村基层党组织来说，政治协商领导力是乡村基层党组织的"魂"，提升乡村基层党组织的政治协商领导力，就是要发挥乡村基层党组织政治协商的优势，把乡村基层党组织的政治协商领导力全面领导落实到各类社会组织中，将基层党组织的政治协商领导作用和凝聚功能渗透到广泛的乡村基层协商治理中。增强政治协商领导力是乡村基层党组织协商领导力引导乡村基层协商治理的根本，关系到乡村基层协商治理的根本性、重大性、原则性、方向性问题，要以政治协商领导力为统领，把好乡村基层协商治理关。

首先，政治协商领导力决定着乡村基层党组织在乡村基层协商治理的方向和原则。乡村基层党组织的政治协商领导体现在宣传党的协商民主的理论路线方针政策，执行党的协商民主决策部署，积极推进乡村基层协商民主，丰富人民民主的形式和内容，在协商治理过程中坚持党的领导，提高政治站位，将"人民民主是党的生命"的执政理念真正落实到"最后一公里"，将党的领导与村民自治有机结合，实现党的发展乡村基层协商民主战略目标。重视民主协商，积极倡导民主协商，在实施乡村基层协商治理过程中不仅包括确定基层党组织正确的协商方向、立场，科学制定和高效执行党的协商政治路线，完善相关协商体制机制，改进基层党组织的协商领导方式，提高基层党组织整体性协商领导力，而且包含提高乡村基层党员干部个体的协商领导能力，提高乡村基层党组织协商领导力要从提高乡镇领导干部协商的政治素质、优化协商制度环境、净化协商政治生态等方面着手。只有坚强的政治协商领导力，才能保证在乡村基层协商治理中坚持社会主义的协商方向、原则、立场。

其次，政治协商领导力决定着乡村基层党组织在协商治理中的优势和成效。乡村基层协商治理是一种决策过程，规范化、程序化、制度化是乡村基层协商治理取得实效的重要保障。乡村基层协商治理原则是要求，涉及乡村经济社会文化发展的一些重大问题和村民群众切身经济利益的问题要与村民群众进行广泛的协商。在乡村，完善基层党组织的政治协商领导，坚持和健全重大事项、重要问题、重点工作及涉及群众利益问题的党组织协商领导决策机制，既可以防止基层党组织在协商过程中的"缺位""越位"现象，又能发挥基层党组织政治协商领导力在乡村基层协商治理过程中的作用，保障乡村基层协商治理沿着党和国家设计部署的协商民主轨道运行。

乡村基层协商治理必须程序科学、环节完备，才能保证协商取得实效。从现实来看，我国乡村基层协商治理还处于探索和积累经验阶段，还没有形成一整套规范化的协商操作规程。因此，乡村基层党组织必须坚定政治协商领导力，树立中国特色社会主义协商治理理念和意识，强化中国特色社会主义协商政治意识，强化为民协商意识，立足乡村发展实际情况，广泛开展调查研究，综合分析所在乡村地区的政治、经济、文化、社会等各种因素，就协商主体、协商范围、协商事项、协商环节流程、协商决议实施、协商监督等方面进行积极的探索，形成乡村基层协商治理的长效机制，搭建乡村基层党组织和多元协商主体之间互动融合的制度化协商渠道，激活乡村基层党组织的活力，使得党组织更具弹性、灵活性，发挥基层党组织覆盖面广的政治协商优势，以此强化新时代基层党组织在乡村基层协商治理中的政治协商领导力建设。乡村社会制度建设、协商议事会的召开都要由乡村基层党组织发起，党组织书记主持召开，参与协商人员包括党员代表、村民代表、私营企业家代表、人大代表、政协委员、乡贤代表等等，这除了有效传达上级党委指示外，更重要的是能听取各协商主体的意见和建议，发挥各协商主体的主动性，开言路集良策，讨论并制订工作计划，协调各方健康和谐发展，使乡村基层党组织政治协商领导力得到进一步提升。

乡村基层党组织每次在开展协商议事活动前都要进行广泛的调查研

究，了解其他协商主体对协商议题的真实想法，听取其他协商主体对协商议题的不同意见和相关的建议，汇集所有对协商议题的意见和建议，为协商议题达成协商共识奠定基础。在协商议事过程中，乡村基层党组织要组织好其他协商主体积极参与协商议事会，真正发扬民主，让参与协商的不同协商主体的代表充分表达对协商议题的意见和建议，确保整个协商流程合规、合法、有序，确保各项协商决策的民主化、科学化、法治化。在协商议题达成共识后，乡村基层党组织要主导相关协商主体执行协商决策方案，确保协商决策方案有效落实。因此，强化乡村基层党组织政治协商领导力，充分发挥乡村基层党组织在协商治理中的权威特质和政治优势，才能保障乡村基层党组织与社会其他协商主体的良性互动，实现有效的协商。

中国特色的社会主义协商文化倡导的是作为平等主体的协商参与者之间围绕乡村事务的公共话题展开自由与公平的对话与商讨。加强乡村基层党组织协商文化建设，培养乡村基层党员的政治协商意识，提升乡村基层党员的政治协商水平和能力，转变乡村基层党员协商作风，村民群众才能作为平等的协商主体真正参与到协商活动中来。乡村基层党员如果没有政治协商意识，不具备较强的政治协商领导力，就会直接影响广大村民群众参与协商活动的意愿、积极性和能力。如果乡村基层党员政治协商意识缺乏、政治协商水平和政治协商领导力低下，广大村民群众就会对党员干部产生疏离感和不信任，就不愿意与党员干部进行真诚对话与协商沟通，也就不可能实现真正的协商治理。基于"三治一体"乡村基层协商治理目标，提升乡村基层党组织成员的政治协商水平和政治协商领导力，切实让村民群众在开展协商活动之前、之中、之后得到地位、信息、机会平等，乡村基层协商治理才能真正科学有效。

二 强化协商思想引领力

乡村基层党组织要组织广大党员把乡村基层党组织的协商领导力落实到乡村基层协商民主治理中，通过强化党员干部的协商思想引领力作用，增强乡村其他协商主体的协商意识，确保乡村基层协商治理方向的正确、程序的完善，推进乡村基层协商治理在党组织主导下稳步有序发展。

首先，乡村基层党组织必须牢固树立以人民为中心的协商理念，在乡村基层社会中大力宣传培育平等、理性、参与、合作、包容、妥协、共识等协商精神，努力营造乡村社会民主协商、有序表达的协商文化氛围，为乡村基层协商治理创造良好的协商文化环境和条件，提高乡村基层党组织的协商社会化、法治化、智能化、专业化水平，积极引导广大村民群众以协商主体者身份主动参与乡村事务的协商，加强与村民群众的协商交流与理性沟通，增强村民群众对乡村事务协商的理解和信任，让村民群众主动参与乡村协商平台的搭建，并通过协商平台自由充分地表达其自身的利益诉求，消除党员干部与村民之间以及村民与村民之间的误解与矛盾。

其次，乡村基层党组织要坚持系统协商的方略，乡村基层党组织要把乡村基层协商治理作为党组织建设系统工程的重要内容。以党内协商带动乡村其他公共事务的协商，要形成依法协商的社会氛围，广大党员干部要带头学习党章、党规、国家法律，依照党章、党规进行党组织内部协商，依照国家法律法规组织其他事务的协商。坚持"三治一体"的协商原则，强化协商中对党员干部的协商道德约束，规范党员干部的协商行为，调节不同协商主体复杂的利益关系和社会关系，依靠村民群众和社会各方协商力量，分工合作，形成协商合力。

马克思主义认为，人的意识是社会实践的产物，需要在社会实践中进行培养。因此，乡村基层党组织要做乡村其他协商主体协商思想的引航员、动员者，通过协商思想引领力影响其他协商主体，培育乡村社会的协商文化，引导村民群众积极参与乡村基层协商，行使他们自己的民主权利。目前，我国乡村基层协商治理中村民协商主体地位如何体现、协商机制体制如何构建、协商结果如何反馈等具体问题还需要进一步规范，乡村基层党组织对这些问题的认识、总结、回答，都需要马克思主义民主理论和习近平新时代中国特色社会主义思想的指导。

再次，乡村基层党组织要把系统掌握马克思主义民主理论作为必修课，把马克思主义中国化的最新协商理论成果——习近平新时代中国特色社会主义思想作为指导思想。这些都需要乡村基层党组织通过强化协商思想引领力的作用，要通过以点带面的协商思想宣传培育，开展专题协商思想培训，提高乡村党员干部协商思想意识，用党的协商理论武装党员干部头脑、统一思想、指导乡村基层协商治理，党员干部要做乡村基层协商理论的传播者，以带动广大村民对党的协商理论的学习，在密切联系村民中做好村民协商技能的培育，增强村民的协商治理意识和参与协商意识，让协商治理理论价值深入村民心中，增强村民协商凝聚力，通过党的乡村基层协商治理理论与政策的宣传，在广大村民中普及协商实践重要性的认识，帮助广大村民群众了解、熟悉并有效运用乡村基层协商治理的方法和程序，依法依规行使他们自己的协商参与权利，有序表达意见，在反复的协商治理实践中提升村民的协商能力。乡村基层协商治理的政治保证是否得力是决定乡村基层协商能不能发展好、凝聚好群众共识的关键因素之一。[①] 增强乡村基层党组织的协商思想引领力、认同力，要继承、弘扬党的宣传思想工作这个传统政治优势，把协商思想的凝聚力真正落到广大的乡村社会中。

最后，加大对乡村社会组织及团体的协商思想的宣传，坚持乡村基层党组织对乡村基层协商意识形态工作的领导，围绕广大村民群众协商需求开展协商理论的宣讲宣传，在协商治理的广泛性和协商的实效性上下功夫，用通俗易懂的语言图表等不同的宣讲宣传形式，用老百姓喜闻乐见的方法方式向广大村民群众进行协商思想宣讲宣传，使村民群众从中真正感受到协商治理的科学性可行性，使协商治理理论宣讲宣传更好地为广大村民群众所接受并内化为自觉的协商行为。在互联网和信息化技术飞速发展的今天，有效利用现代信息网络技术加强协商治理思想、理论、制度、方式等的线上宣传力度，通过协商网络平台开发、微信公众号等村民群众乐于接受的形式形成网络协商思想引领力，也是在广大村民群众中扩大党的协商思想引领力的重要手段。

---

① 顾朝曦：《加强城乡社区协商深化基层群众自治——学习习近平总书记关于社会主义协商民主建设的重要论述》，《中国民政》2015 年第 17 期。

三　夯实群众协商组织力

进入新时代以来，新兴农业、生态农业企业、旅游观光农业、电商企业等迅速发展，城乡之间一体化频繁流动，三产融合加快，原本以村庄为基础的乡村基层党组织系统越来越难以适应这种多元、开放的乡村社会形态，党的基层组织网络在乡村覆盖不足、群众组织力下降，导致乡村基层协商治理缺乏有效的载体。因此，要推进党的组织在乡村基层的覆盖面，织密乡村基层党组织体系之网，将党组织建设成为乡村基层协商治理的坚强的战斗堡垒，以适应日益开放、频繁流动的乡村社会。

首先，乡村基层党组织的群众协商组织力，一方面体现在协商组织在乡村的覆盖面上，就是把党组织有效嵌入乡村基层各类社会组织之中，推进党的组织在乡村的覆盖面和党的工作覆盖面，规范党的组织设置，加强乡村基层党组织领导班子和党员干部队伍建设，夯实乡村基层协商治理实践的组织载体。另一方面体现在村民群众协商凝聚力上，就是使乡村基层党组织深深植根于乡村基层的社会组织和村民群众之中，组织乡村基层社会组织参与乡村基层协商治理实践。要按照《中国共产党农村工作基层组织工作条例》的要求，以全面提高乡村基层党组织群众协商组织力为目标，加强乡村基层党组织自身建设和协商建设力度，严格组织生活，加强党员教育、管理、监督和服务，提高党员干部的组织群众协商领导力，对党员干部进行组织群众协商技能培训，充分发挥乡村基层党组织在村民群众中的协商领导示范作用，做好党员的协商示范，有效引导村民、组织村民、积极依靠村民、动员发动村民积极参与乡村公共事务的协商实践，把党的协商治理理论和主张变成村民群众的自觉协商实践行动。

其次，党在乡村的基层组织，只有扎根乡村社会，积极运用群众组织协商资源、充分发挥群众组织协商功能，通过党组织服务群众的再生产功能，实现组织群众协商优势向群众协商力量优势的成功转化，让村民群众共享乡村改革发展成果，才能吸引广大村民及其他协商主体积极参与乡村事务的协商实践，进而推进乡村基层协商治理实践的发展。当前，部分地方的乡村基层协商实践之所以存在乡村基层党组织协商领导力"虚位"的局面，就是因为乡村基层党组织缺乏明确的协商服务群众职能和协商角色定位。必须强化乡村基层党组织的经济服务、政治动员、文化传播、社区教育和社会服务的基本协商职能，加强乡村基层党组织的协商职能化建设，提升其公共服务协商能力，着力扩大乡村基层党组织参与、引导乡村基层协商治理实践的覆盖面。对于符合条件的乡村应尽快建立基层党组织，保证协商组织网络在乡村得到有效延伸，力争实现基层党组织协商领导工作的全覆盖。"扩大基层党组织建设覆盖面""强化农村基层党组织在基层协商中的地位和作用"[1]。增强乡村基层党组织群众协商组织力，要健全完善党在乡村的组织体系，实现党组织在广大乡村的覆盖，在组织和领导乡村基层协商治理实践时，树立和确保基层党组织的协商权威是首要基础。

再次，乡村基层党组织要明确其自身协商主导者的角色定位，做到既不"越位"也不"缺位"。一方面要巩固协商主导者的优势，加强其自身的协商建设，建立健全乡村基层党组织发挥群众组织协商领导力作用和组织功能的制度规定，不断提升乡村基层党组织的群众组织协商力，打通乡村社会公共领域影响政治和组织系统，以群众组织协商力为引领优化乡村基层协商治理的实践运作，实现乡村社会日益碎片化的组织资源和社会资源的再整合。另一方面，拓展群众阵地，探索发挥好群众组织协商领导力在农业专业合作社、种植公司等新兴农业等社会组织中的作用，不断扩大党的群众组织协商力对乡村经济社会各个领域的影响。

最后，提升党的群众组织协商领导力关键在党员干部。应加大乡村基层党组织带头人群众组织协商力的培养力度，加强对乡村基层党组织带头人的群众组织协商力的培育，提高党组织带头人的群众组织协商能力，选拔信念坚定、为民服务、勤政务实、敢于担当、清正廉洁的人才担任乡村基层党组织书记，切实发挥好群众组织协商的"领头羊"示范

---

[1] 王凤志：《论基层党建工作科学化及其对策》，《求实》2010 年第 8 期。

作用，推进乡村基层协商治理的实践。要优化并培养具有现代协商治理意识的乡村党员，实现乡村党员队伍的壮大、结构的优化提升以及质量的提高，吸收乡村中优秀青年、致富带头人、返乡务工人员等加入基层党组织中，以达到优化乡村党员的年龄结构和素质，从而夯实群众协商组织力的基础。通过实施"乡村带头人"计划来提升群众协商组织力的主体支撑，动员高校毕业生、机关事业单位优秀党员干部等到村一级任职，培养年轻村干部，引进专业性强、有能力的人当选村党支部书记。要加强乡村干部群众协商组织力的培养，建立乡村党员群众协商组织力的定期培训制度，强化党性、法治、协商意识、公仆意识教育，发挥好以村党支部书记为代表的群众组织协商"领头羊"的作用，提升乡村基层党员干部群众组织协商领导力的综合能力和素质。

四 提升社会协商号召力

乡村基层协商治理的目的之一在于扩大协商主体范围参与乡村公共事务，以实现乡村多元协商主体之间的利益调和与整合，最大限度地实现乡村公共利益的最大化。随着乡村社会经济结构的分化，乡村社会除了普通村民群体作为协商主体外，还出现了一部分经济实力雄厚的群体参与到协商实践中。这部分经济实力雄厚的协商群体往往在其自身的政治价值、经济利益导向之下，对乡村基层党组织及其领导下的乡村事务的协商作出最终的决策，普通村民群众作为协商主体往往被排除在协商决策过程之外，导致了村民群众作为协商主体对乡村公共事务协商决策参与的缺失。因此，乡村基层党组织在协商实践中要发挥社会协商号召力的作用，把"以人民为中心"的思想理念贯穿协商决策全过程，以服务广大普通村民作为协商主体的重要价值取向，拓宽乡村普通群众作为协商主体参与村中公共事务的协商渠道，营造协商治理的氛围，使不同协商主体在平等基础上公开讨论，将关系到村民群众等协商主体切身利益的事项纳入党组织的协商议程中，实现与村民群众等协商主体的有效沟通，不断增强普通村民作为协商主体在协商实践中的获得感、成就感，增强乡村基层协商治理实践的合法性和凝聚力，拓宽乡村基层协主体的范围。

首先，推进乡村基层党组织协商模式的创新发展，提升乡村基层党组织的社会协商号召力。要坚持以乡村基层党组织为协商治理的主导，构建规范化、制度化和常态化的协商主体利益表达、保护、诉求化解机制，健全和完善已有的乡村基层党组织构建的协商平台，不断创新乡村基层党组织协商平台的设置方式，依托村民会议、村民代表会议、村民议事会、村民理事会、村民监事会等机构，形成多层次的乡村基层协商实践平台，有利于不同层次的协商主体参与协商实践，实现乡村基层协商治理实践的不断发展和延伸，增大协商组织网络，形成完善的乡村基层协商治理实践的组织框架，构建完备的协商主体利益维护机制。

其次，要完善乡村党员干部服务联系协商主体的协商工作机制，实行乡村党员干部普遍联系村民群众的协商制度，了解村民群众的协商诉求和协商意见建议。要根据协商议题做好相关协商准备工作，避免陷入盲目的协商。根据协商议题的不同，引入不同的专业人士参与协商实践，提供专业的协商意见和建议，为参与协商的相关主体充分了解协商议题、积极参与、讨论提供专业咨询、指导，为最终形成民主、科学决策做好各项协商服务工作。

再次，通过创新完善协商服务载体、方式、机制，扩大乡村基层协商主体的范围。根据不同的乡村地区实际和条件，充分利用所在地区优势，鼓励乡村基层党组织探索建立"村村联建""村产联建""村企联建"等协商方式扩大乡村基层协商主体结构，构建以基层党组织为主导的协商新格局，着力提升乡村基层党组织的社会协商号召力和社会协商水平，使基层党组织和党员领导干部贴近村民、深入村民，在协商中团结村民、引导村民，实现基层党组织的社会协商号召力。通过乡村基层协商治理的信息化和网络化建设，提升乡村基层协商治理开放性，推动乡村基层协商治理信息的公开化和透明化，打破乡村基层协商治理的封闭化，实现乡村基层协商组织之间的资源共享和联动发展，充分运用"互联网+"社会协商模式提升乡村基层党组织的社会协商号召力，增强乡村基层党组织对其他协商主体的吸收力和影响力。

第六章
乡村基层协商治理中的参与机制

"三治一体"乡村基层协商治理能否取得预期效果取决于协商主体、协商客体、协商程序等几个协商要素的制度化程序化程度。其中的协商主体,也就是协商的参与者,在这些协商要素中作为协商的核心要素起到了关键性的作用。

第一节 参与机制的功能与实践

"社会主义民主不仅需要完整的制度程序,而且需要完整的参与实践。"① 《关于加强城乡社区协商的意见》明确提出:"到 2020 年,基本形成协商主体广泛、内容丰富、形式多样、程序科学、制度健全、成效显著的城乡社区协商新局面。"② 其中"基本形成协商主体广泛"指的是协商主体参与机制问题。

一 基于自治的参与机制

1982 年,我国乡村开始了村民自治的实践,经过了 40 多年的自治实践探索,充实了乡村治理的内容与手段,发展成为自治、法治、德治的"三治一体"的乡村治理体系,为社会主义民主在乡村基层发展提供了制度空间。

---

① 《习近平谈治国理政》第 2 卷,外文出版社 2017 年版,第 292 页。
② 《人民日报》2015 年 7 月 23 日第 1 版。

自治是"三治一体"乡村基层协商治理的基础和重要内容，无论是德治还是法治，都要通过自治来实现，是乡村基层协商治理的主要方式与关键手段。我国乡村自治是在村委会领导下，引导村民在一定范围内进行自主治理的制度，是村民通过民主选举、民主决策、民主管理、民主监督程序实现自我教育、自我服务、自我提高的过程，是实现村民当家作主的民主制度，是村民自我认识、自我制约、自我发展的治理活动，其核心和灵魂就是广泛的村民群众、乡村组织积极参与乡村事务的管理、监督，本质是强调乡村独立性、社区认同、内源式发展以及社区内部的合作与自助。① 自治制度为乡村基层协商治理提供了协商主体。村民在自治过程中，基于对其自身利益和村庄共同利益的综合考量作出理性决定，这一决定出自他们自己的判断和选择，因而能够最大限度地得到自我认可，并激发其内在动力，提升参与乡村协商治理的积极性。② 2020 年，中央"一号文件"提出要推动社会治理和服务重心向基层下移，把更多的资源下沉到乡镇和村，提高乡村的治理效能。县、乡镇、村庄分别承担着"一线指挥部""为农服务中心""基本治理单元"的不同职能。③

随着城镇化的推进，虽然乡村二元结构逐步消失，但乡村治理面临着村"两委"管理服务能力不足、干部群众关系紧张等问题，导致村民自治在乡村治理过程中无法真正发挥作用，很多时候需要依靠基层政府的行政权力介入。但是基层政府的治理手段下移，又会导致村民自治的"异化"，村级组织的自治功能"窄化"，堵塞村民作为主体参与公共事务的渠道和途径，村民自治中的"四个民主"仅局限于"选举民主"。针对这一问题，村民自治的实践形式不断创新，参与机制就是要把村民自治与基层政府治理结合起来，弥补基层政府治理手段的缺陷，提高村

---

① 江维国、李立清：《顶层设计与基层实践响应：乡村振兴下的乡村治理创新研究》，《马克思主义与现实》2018 年第 4 期。

② 王露璐、刘昂：《自治、法治、德治相结合的乡村治理》，《绍兴文理学院学报》（人文社会科学版）2018 年第 5 期。

③ 《中共中央、国务院关于抓好"三农"领域重点工作 确保如期实现全面小康的意见》，新华社，2020 年 2 月 5 日。

民作为协商治理主体的参与积极性。

乡村基层协商治理的一个核心问题是"由谁来协商",是否存在多元协商主体,除了基层政府作为协商主体外,不同群体协商主体能否参与协商是影响协商成效的一个重要因素。从总体上说,村民作为协商主体对协商治理认识不足直接影响了村民作为协商主体对乡村公共事务的协商参与,但是村民不参与村中公共事务协商并不等同于允许其他协商主体侵占其自身利益。乡村基层协商制度本意就是使公共决策的过程不再是一个封闭的、单方面的过程,而是一个与公众互动的过程,目的是听取公众的观点,实现更大程度的公民自治和科学决策。[①] 乡村基层协商治理不仅契合了村民话语表达的协商主体性诉求,还有助于村民群众针对乡村公共事务进行民主决策,也有利于构建共建共享的新型乡村基层协商治理体系。

目前我国乡村基层协商治理平台构建主要包括三个方面:第一,以村委会作为协商主体构建的协商平台。第二,以村党组织为协商领导所搭建的协商平台。第三,以乡村社会组织为协商主体搭建的协商平台。这三类协商平台承担着我国乡村地区大部分的协商议程。从乡村基层协商治理的主体构架来看,在镇村层面协商中,镇党委、政府主要发挥协商政策指导职能,村党组织主要发挥协商治理中政治引领职能,村委会主要发挥组织协商职能,村民群众起到协商主体参与作用,村"两委"代表是协商表态的,村委会是执行协商决策的,村委会作为乡村基层协商治理的组织者,必须肩负协商治理的组织职能、动员职能和执行职能。村民自治本质上是选举民主和协商民主的结合。《中华人民共和国村民委员会组织法》不仅要求村民委员会的产生需要与村民进行充分的协商,而且要求在村公共事务的管理、决策环节充分体现协商民主。民主选举、民主决策、民主管理、民主监督不仅是村民自治的主要内容,而且承担了实现乡村民主价值的职能,四个环节中的每一个环节都蕴涵着协商民主的因素。但在村民自治制度的

[①] 杨炳超:《协商民主:内涵、背景及意义》,《东岳论丛》2010年第2期。

具体实施过程中，过去许多地区更多地表现为民主选举，而民主决策、民主管理、民主监督相对缺失。2015年，中共中央《关于加强社会主义协商民主建设的意见》明文规定，充分发挥村民会议、村民代表会议、村民议事会、村民理事会、村民监事会等组织形式在乡村基层协商治理中的作用，形成以村民为协商主体的多层次乡村基层协商治理格局，做实村民群众的协商监督权。因此，发展乡村基层协商治理不是为了取代村民自治，而是为了更好地实现村民自治与协商治理的结合。2019年6月，《关于加强和改进乡村治理的指导意见》明确提出："创新协商议事形式和活动载体，依托村民会议、村民代表会议、村民议事会、村民理事会、村民监事会等，鼓励农村开展村民说事、民情恳谈、百姓议事、妇女议事等各类协商平台。"[①] 从协商政策层面来说，中办国办的意见只是原则上对乡村基层协商治理的形式和平台作了规定，这为各地区进一步探索地区实际的乡村基层协商治理形式和平台留下了空间，构建村民议事会、乡贤理事会、村民议事厅、民主恳谈会等协商议事平台，为村民群众开辟多元化的参与协商路径。

乡村振兴战略的实施，一方面拓展了乡村基层协商主体与协商渠道，全国各地乡村从实际出发创新了形式多样的协商治理体制机制，无论是基于乡村社会矛盾协商调解，还是基于乡村公共事务的协商服务，不断创新村民自治形式，党委、政府、村庄、社会组织、村民群众共商共治的乡村基层协商治理格局开始形成。目前，除了村"两委"等正式协商组织平台之外，许多乡村地区根据其自身实际情况发展的需要而成立的一些非正式组织机构，如乡贤理事会、红白理事会、老人协会、外出务工人员协会等，这些民间社会组织机构通过制订相关民主协商决策机制、乡村文化建设机制、乡村经济发展机制，帮助村"两委"了解民意、协助村"两委"开展相关工作，在村民与村委会之间充当了中介力量，拓展了协商空间，为乡村基层协商治理提供了组织载体和协商平台。因此，开展协商议事是服从于村民自治，在遵守村民自治组织法的

[①]《人民日报》2019年6月24日第1版。

前提下，在村民自治制度框架内开展的一种协商议事形式。

二 参与机制的功能

协商主体参与机制回应了乡村基层协商治理中的协商主体、协商机制两大构成要素。

(一) 体现了村民的协商主体地位

参与的广泛性是乡村基层协商治理的题中之义，解决好"谁来协商"问题十分关键。村民是乡村振兴的主力军，是乡村基层协商治理的内在动力，村民积极参与选举、决策、管理和监督是实现村民当家作主的主要渠道。村民自治制度是国家法律正式规定的基本政治制度，这是国家法定的、以村民权利为本位的基本政治制度。坚持和完善村民自治制度，是中国特色社会主义民主政治制度的重要组成部分。

随着乡村政治、经济、文化的发展，在民主选举完善的基础上，要进一步规范民主决策、民主管理、民主监督，通过创新协商治理载体和平台，充分了解民意和提高村民参与乡村公共事务的积极性，以缓解自治的压力。因此，通过拓宽协商渠道来提高协商治理水平是目前乡村自治发展完善的路径之一。要丰富基层协商民主的实现形式，发挥村民监督作用，让农民自己"说事、议事、主事"，做到村里事村民商量着办。因此，不能把村民仅仅当作乡村基层协商治理的对象，村民也是乡村基层协商治理的主体。要不断健全完善民主管理制度，切实保障广大村民参与乡村事务的协商权，让村民参与乡村事务决策、管理和监督，切实维护村民群众协商主体地位，要实现村里事由村民商量着办。首先，要搭建和提供村民"说事、议事、主事"平台；其次，协商议事要在基层党组织的引领下，是服从于服务于村民自治的遵守村民自治组织法，在村民自治这一基本政治制度框架内开展村务协商，以协商服务村民为出发点和落脚点，体现村民协商意愿，保障村民协商权益。处理乡村公共事务主要靠协商主体自主协商，这是国家法律赋予广大人民群众的权利，也是乡村基层社会的现实要求。因此，有条件的乡村地区可以直接对乡村公共事务进行协商，变村民的被动协商为村民的主动协商。

（二）推动了多元化协商主体的参与

"谁来协商"问题，除了体现村民协商主体地位外，还要体现乡村老党员、老干部、老教师、老军人、外来新居民、异地乡贤等的协商主体地位，并兼顾村庄内社会组织，志愿性团体的协商主体地位，推动多元化协商主体的参与。一方面，我们需要重视将协商主体多元化机制运用到乡村社会其他组织中，这是因为在一些情况下，乡村社会其他组织会参与到协商过程中，这需要对协商主体的参与机制尽可能地进行科学、完整的设计，才能推动协商过程健康发展。另一方面，在乡村基层社会中也存在一些有一定影响力的非正式组织，对这些非正式组织参与协商议事的协商地位给予肯定，引导、规范和监督非正式组织参与协商议事。厘清乡村基层自治组织的协商职责，推动乡村基层自治组织协商职能归位，实现乡村群众性自治协商组织全覆盖，丰富协商主体协商议事的实现形式，培育村民议事会、乡贤理事会等乡村社会协商组织，有效发挥社会协商组织、社会协商力量、非正式组织在乡村公共服务和乡村事务协商中的作用。

（三）完善了协商议事机制

协商机制包括议题产生机制、议事程序机制等问题。"协商什么"就是回应了协商议题产生、议事程序机制等问题。对于协商议题产生，村民与村"两委"一样也有协商提议权，不是村"两委"随机、应急或者有选择性地找到某些村民，片面地提出一些议题，而是采取协商办法，大范围、多渠道、公开地收集协商议题，形成"自下而上"的协商议题产生机制，提升了协商议题的广泛性、公共性、代表性，完善了乡村基层协商治理的协商议事机制。协商议题要围绕党和国家发展乡村中心工作、乡村公共事务管理和村民群众生产生活需要，听取乡村相关利益主体协商诉求和建议，广泛收集意见、凝聚共识，努力寻求民意共性。只有这样，协商治理才能达到高质量、高水平。

（四）规范了协商议事流程

协商议事是一种公共性协商活动，影响协商议事的重要机制是信息公开、成果应用公开、监督反馈公开。规范协商议事程序，必须经过提议、审议、商议、商议结果和实施过程公开等流程，保证民意贯穿协商议事全过程。协商主体参与机制应充分考虑诸多程序性在各个协商流程中的落实。这种落实具体来说就是协商的具体性操作过程，它不仅规定哪些事项必须进行商议，而且规定商议过程是如何展开的，并且规定了协商结果的反馈及具体运用。要完善协商成果公开、应用、监督、反馈机制，确保规范议、有效议，把协商议题真正办好、把议题办实，真正落到实处，逐步实现协商议事的规范化和制度化。

三　参与机制的实施

进入新时代以来，不平衡不充分的发展带来乡村社会的多元矛盾，乡村问题日益复杂化。特别是产权制度改革、乡村振兴等新的公共项目引发了种种纠纷、矛盾，随着利益关系的复杂化，利益竞争变得异常激烈，原有的利益融合机制失灵，这给乡村治理带来极大的挑战。虽然不同村庄所面临问题的程度和性质有所不同，但原有的单一的村民自治治理模式已无法适应新的治理需要是不争的事实。在新挑战和压力面前，协商主体参与机制体现出协商主体包容性、广泛性和平等性，为村民参与村务协商治理提供了新思路，特别是"利益协调""平等协商"在消解乡村基层社会矛盾和风险等方面具有积极作用。

传统村治与现代乡村治理的重要区别在于群众参与的广度、深度与范围。[①] 从协商主体参与机制实践探索来看，全国各地积极贯彻落实中央发展乡村基层协商治理的要求，不断扩大乡村基层协商治理的力度和范围，在村民自治制度框架内以不同方式尝试着把协商民主引入乡村治理，消除旧有体制机制障碍，为村民群众实现自治提供有效的制度支持，畅通村民等协商主体参与政治、表达利益诉求的渠道，引导村民群众广泛参与村中公共事务，满足村民群众日益增长的协商诉求和协商参与愿望，为广大村民等不同的协商主体实现有序村务协商搭建协商平

---

① [美] 卡尔·科恩：《论民主》，聂崇信、朱秀贤译，商务印书馆1988年版，第12—13页。

台。通过镇村等不同层级的协商议事平台搭建，协商处理村务"大事"和"要事"。

协商主体参与机制体现在村务管理与决策两方面的协商上。村务管理方面的协商是指村民以平等协商主体身份通过协商平台参与乡村公共事务管理，实现其自身权利并履行相应义务，包括咨询、回应质疑、交流、讨论等行为，侧重于通过沟通、交流、商议等方式促进各协商主体间观点表达、意愿交换、偏好转换以及最终意见达成共识。村务管理方面的协商本身并不能对公共事务进行决策，而是通过实现上级政策的上传下达、扩大民意诉求渠道，将协商民主理念渗透到乡村治理中，并存在影响决策制定和落实的可能性。

村务决策方面的协商则是在村务管理协商的基础上，乡村基层组织和村民等协商主体通过理性对话沟通，最终达成乡村公共事务处理决策或共识，目的主要是在理性沟通和协商后，需要对涉及协商主体利益相关事务作出决策并执行。[①] 村务决策方面协商治理形式针对经济比较发达、资源财富密集型乡村内部利益分歧、矛盾比较突出的村庄，强调发挥乡村社会自主协商功能，坚持村民协商主体利益地位，在协商决策上要体现自治原则，要严格按照《中华人民共和国村民委员会组织法》规定，在涉及村民重大利益时，必须召开全体村民协商投票议决，保障村民知情权、决定权，通过协商治理激活乡村本身所具有的自组织能力的协商功能，协商乡村内部不同协商主体之间利益分歧，实现乡村社会内生性协商治理秩序。比如对乡村基础设施修建、产业发展规划、村规民约制定等自治性"地方法"都必须坚持村民作为协商主体参与的原则，通过民主自治制度引导村民积极参与决议、管理、监督，保证制定程序公开透明，运作规范，充分体现出乡村基层民主和基层自治。又比如国家投入所在镇村的乡村建设资源、资金安排、项目管理监督等一系列决定都要通过协商程序，凡是未能获得村民议事会审议通过事项不得随意开展，积极与各方涉农利益群体进行协商、协调，合理合法解决利益矛

---

① 季丽新:《中国特色农村民主协商治理机制：农村治理方式变革的基本方向》,《行政论坛》2017年第2期。

盾纠纷，支持村民积极表达其自己的合理诉求，保证村民参与权与决定权，保证乡村集体利益和村民利益最大化，使村民真正得到乡村发展带来的实惠。

近年来，广东乡村基层群众协商治理探索不断深化，乡村基层组织协商建设不断加强和规范，乡村基层协商服务水平有了新的提升，制定实施了《城乡社区协商工作规范》《村（居）民委员会工作职责事项指引》两个地方协商治理标准，促进乡村基层协商治理规范化、标准化。乡村基层协商治理取得积极成效，广东各地涌现出的乡村基层协商治理成功案例更是得到媒体和学术界的广泛关注。据广东省民政厅的统计，到 2021 年 5 月止，广东全省已建立乡村基层协商议事示范点 3100 多个。

第二节　参与机制的"瓶颈"

我国乡村基层协商治理的时间不长，在理论研究和实践探索过程中，基层协商治理制度框架虽已基本形成，协商主体参与机制实践探索虽然取得了一定的进展和成效，然而，在实践中也存在着制度、能力、职能等方面的"瓶颈"，制约着协商主体的参与积极性和协商成效。

一　制度"瓶颈"

乡村基层协商治理政策的制定大多是自上而下型，在行政压力驱动下，乡村基层干部习惯运用行政命令治理乡村，导致协商主体职责范围界定不清、体制不顺、职能错位等问题的出现。我国制度改革习惯采用"先上车，后补票"的模式，即先实践探索，再完善相关的法律制度规范。[①] 目前，我国乡村基层协商治理时间不长，基层协商治理制度框架虽已基本形成，但全国性规范性协商规章制度还未完全建立，在运行过程中协商基本准则过于宏观，不够健全，乡村重大事务的决策、监督、

---

① 陈剩勇、吴兴智：《公民参与与地方公共政策的制定——以浙江省温岭市民主恳谈会为例》，《学术界》2007 年第 5 期。

评价等环节缺乏相应的制度安排，部分基层乡村地区尽管进行了协商治理制度建设，但缺乏协商治理的具体施行细节，规范化协商治理程度普遍不高，各项运行规范标准不一，在具体的协商治理过程中协商的随意性仍较大，以大多数基层领导者协商意志为主，未能真正有效保障乡村村民各项协商权利。

党的十八大虽然已将"协商民主"从发展民主形式上升到了治理制度形式，各地区因经济发展水平不同，协商制度设计差异明显，协商制度建设水平参差不一，在绝大多数乡村地区，乡村基层协商治理仍然停留在地区性协商治理经验、临时性政策协商层面，缺乏理性的协商总结，还没有达到协商制度定型程度。特别是乡村基层协商监督机制仍然不健全，关于重大村务的协商决策和实施缺乏相关协商监督。

二 能力"瓶颈"

村民和乡村基层干部是"三治一体"乡村基层协商治理的两大主要协商主体，但根据调研的情况，这两大主要的协商主体在法治意识、民主意识、参与意识、责任意识等方面存在不足，协商能力欠缺。

村民普遍存在协商参与意识不强，协商能力不足。自治意味着平等的主体共同参与社会公共事务。然而，我国广大乡村经济发展水平不一，特别是比较偏远的山区经济发展水平相对较低，村民的文化素质、受教育程度也不高，缺乏协商意识，对于如何通过依法协商维护自身利益的协商能力欠缺。正是由于绝大部分村民协商意识淡薄，在推进协商议事的过程中，缺乏主体参与意识与能力成为协商参与机制建设的巨大障碍，观念缺失导致村民对协商议事的态度冷漠，积极性和主动性难以得到调动。随着城镇化的不断发展推进，不同协商主体间的利益矛盾也逐渐加深，不同协商主体的协商需求更加多元，直接导致了干群关系紧张以及村民之间关系的恶化。虽然协商参与机制给予村民群体平等的协商参与的机会，但由于协商信息获取等方面的限制及受小农意识的影响，从整体上说村民作为协商主体明显缺乏表达主张的协商能力和协商知识，往往过多地关注其自身的眼前利益、局部利益，缺少对乡村公共利益的关心。

此外，由于相关协商法律制度没有宣传到位，一部分村民对乡村基层协商治理相关内容、法律法规、政策条文一无所知，导致村民对协商议事关注度较低、提出的协商建议较少、协商监督意识淡薄，这样，村民参与协商议事会便无从谈起了。大多数村民认为，协商议事都是流于形式的表面现象，他们参加协商议事会既浪费时间又浪费精力，对村公共利益的态度就是"我没有别人也不能有"，大家都等着别人出头，村民在对待与其切身利益无关或关系不大的事务时更愿意采取随大流或默认的方式，这与"三个和尚没水喝"是同样道理，最后的结果是"两败俱伤"，物质利益达不到预期的理想值，反倒可能加深干群、邻里之间的矛盾和漠然。一部分村民虽然积极参与涉及他们自己具体利益的协商会议，但由于协商能力低下，表现在具体的协商议事过程中，因了解外部信息的渠道狭窄，他们对商议的事项提出的意见有时过于宽泛或者过于细致，在最后决策的时候往往被忽略，这使得村民群众认为他们对协商的事项没有话语权，从而导致村民参与协商议事会主动性不高，普通村民协商话语权也会逐渐丧失。在调研过程中我们发现，受教育程度较低的村民思维比较闭塞，基本上不了解国家涉农相关政策法规、村规民约；参与公共事务的积极性较低；接受新事物的能力不强等。由于受教育程度的影响，大多数村民主要从事粗耕作、简单养殖等工作，经济效益较低，比较关注基本生存和眼前的现实利益问题，这部分村民对协商什么、怎么协商、协商程序、怎么执行协商决策等，缺乏清晰明确认识、了解。在参与协商议事会的过程中十分拘束，一般都是一问一答，不问不答，话匣子打不开，这严重影响了协商议事的质量。相比较而言，村干部、致富能手、有一技之长的村民等乡村精英群体的协商议事能力较强，更能调动乡村经济政治资源，获得更多协商权威的认可，可以在协商议事过程中占据主导协商话语权，因而能够更好地表达他们自己的协商喜好，造成在村务协商决策上，"家长制""一言堂"现象普遍存在，官僚作风明显，最终协商决策权还是掌握在少数协商议事能力较强的人手中。

乡村基层村干部作为另一个协商主体,组织协商的意愿和能力都不强,参与协商的积极性也不高。乡村基层干部依法协商意识、责任薄弱,对于基层协商治理的认识不足,习惯于制定指令性计划和发布强制命令,认为村民没有参与协商的资格和协商能力,在一定程度上压制村民协商参与意识。长此以往,村民中就出现了一种协商参与意识淡薄现象,协商参与热情也随之消失,村民协商参与权仅存于文件中,影响了协商议事效率的进一步提高。

三 职能"瓶颈"

乡村基层协商治理核心是村委会的自主协商,由村委会组织村务协商决策,但在乡村基层村务协商实践中,村委会自主协商的职能被严重弱化,基层政府对村委会自主协商干预太多。乡村基层协商治理中的"强行政",严重削弱了村民自治程度,而与"强行政"相伴随的只能是"弱自治"。① 在乡村基层事务协商治理中,村委会不仅是本村事务协商的治理者,而且是上级政府机构相关协商政策的落实者,要配合乡镇政府开展和落实一系列发展"三农"任务的协商,因而承担了一部分国家行政协商和实施村民自主协商双重角色。一旦乡镇政府和村委会协商权力边界、协商权责框架不清晰,行政协商势必挤压自主协商运作的空间,导致村委会协商职能"窄化",村委会自主协商权弱化。比如,上一级协商部门或机构来村里检查落实涉农政策协商情况,村干部就提前确定人数,交代村民如何回答问话,这表明村民对村务的发言、建议等基本协商权利缺失,只能被动接受村委会所作出的各项决策。更有甚者,出现村"两委协商""宗族协商""经济能人协商"甚至"灰色势力协商"现象。但这些"协商"在形式上却很民主,如定期召开村民代表协商会,呼吁村民发言商讨村中事务等,但村民代表协商会的参与人员只是村委员会成员和一部分村民代表,一些村干部出于私心,往往个人说了算,以个人协商意愿代替集体协商意愿,或者以简单少数人的协

---

① 陈家刚:《基层治理》,中共编译出版社2015年版,第210—215、242—246页。

商意愿代替村民代表的大多数协商意愿，导致"官本位""一言堂""家长制"等违反协商原则现象盛行，严重损害大多数村民的切身利益，导致干群、族群关系紧张，村民被迫通过各种非协商渠道表达其自身合法协商权益诉求，乡村群体性事件时有发生，影响乡村社会的和谐稳定。

特别是一些较偏远的村落，由于交通、通信不便利等原因，上级各项协商方针政策文件精神往往不能准确及时地传达下来；又由于表达传递协商信息渠道的不畅通，村民协商诉求虽然很多，但由于缺乏通畅的协商表达途径与合法的协商表达平台而无法表达，村民协商利益诉求出现滞后。如果没有良好的协商沟通渠道，严重阻碍干群之间协商沟通、协商信息传达，协商决策者就难以具体、真实地了解乡村村民协商意愿和诉求。如果村民真实协商诉求不能进入基层党组织和政府决策层领导协商范围，所制定的政策何以符合村民公共利益，就会在很大程度上降低乡村基层政府的公信力。

第三节 参与机制的优化

参与机制在乡村基层协商治理中发挥着积极作用，优化协商平台，及时解决参与机制运行过程中出现的问题，对于健全体制机制、推进"三治一体"乡村基层协商治理，对于拓展协商主体有序参与，促进我国乡村基层协商治理良性发展有着重要意义。

一 完善协商主体参与的制度

"协商民主要发展，制度建设是关键。协商的优势在于制度的力量，薄弱环节也在于程序性制度的缺失。"[1] 完善规范的乡村基层协商主体参与机制，是推进乡村基层协商治理可持续发展的最根本途径。"任何制

---

[1] 叶小文、张峰：《从现代国家治理的高度认识协商民主》，《中央社会主义学院学报》2014年第1期。

度的有效、高效运行,在制度设计和安排时必须关注两个维度,即建立和完善制度、遵守和执行制度,而其中最关键的是树立制度权威。健全、完善的制度体系是制度有效实施的基础和前提。"① 完善的乡村基层协商主体参与制度主要包括协商法治制度、协商程序和协商组织制度。协商法治制度是乡村基层协商主体参与机制的法治保障;协商程序制度是乡村基层协商主体参与机制的运作保障;协商组织制度是乡村基层协商主体参与机制的组织保障。规范乡村基层协商主体参与的制度程序和机制,重在强化基层协商主体参与的法治机制、程序机制和组织机制的有效性建设。完善乡村基层协商主体参与机制的一个基本原则是要从中国乡村千差万别的实际情况出发,一定要有利于维护广大农民的正当权益,不可"一刀切"②。我国部分乡村存在的协商传统可以被纳入我国乡村基层协商主体参与机制的制度构建中,进而真正实现乡村基层协商主体参与机制的制度"因地制宜"。

(一) 扩大协商主体参与的范围

如何尽可能地扩大协商主体参与的范围? 第一,要逐步扩大协商议事决策事项的主体范围。应采取"协商议事为原则,不协商议事为例外"的协商思路,逐渐扩大议事的协商主体,对村民切身利益有着重大影响或者对本地区经济发展具有长远影响的协商决策,都应有村民等协商主体代表参与商议。第二,健全协商议事主体代表选择制。完善协商议事会成员的产生和授权机制,行政决策所关系到的所有利益群体都应有代表参加商议,按照商议事项相关度大小,实行协商主体按比例分配,明晰协商议事会成员"代言"权限、范围和时限等,防止出现侵蚀公共利益的倾向,提高参与协商议事的成员共识的广泛认可程度,不断完善监督、管理、考评制度,保障协商决策落实到位。第三,做好协商议事决策事项的公平公开。解决决策商议主体双方信息不对称的问题,保证协商主体的代表能了解决策方案,提出有针对性的意见。第四,完

---

① 杨弘、郭雨佳:《农村基层协商民主制度化发展的困境与对策——以农村一事一议制度完善为视角》,《政治学研究》2015 年第 6 期。

② 陈家刚:《基层治理》,中共编译出版社 2015 年版,第 210—215、242—246 页。

善决策协商代表监管机制。对一些事关重大公共利益和村民切身利益的决策，实行严格的案卷排他规则，通过实践充分积累经验，扩大协商主体参与的范围，方便协商主体参与监督，保障协商主体的监督权，构建并逐步完善参与有序、运行规范、可操作性强的协商主体参与机制。在现有制度条件下，为了避免协商议事流于形式，还需要和乡镇政府、人大建立有效的反馈、回应、负责机制。

（二）规范协商议事范围

完善现有协商法律和协商制度规定，对协商范围具体内容作出详尽规定，规范完善协商主体议事范围制度，既要坚持基本协商原则，又要充分考虑到不同村落协商基础和协商条件的差别，给予不同村庄更大的协商灵活性。在考虑协商规范同时，要合理、符合实际、有利于保护协商主体正当权益及切实可行。对协商事项实施协商清单，根据不同协商内容、层次，采取议事会协商、书面协商、对口协商等协商形式，科学设定协商意见的处理时限和要求，厘清协商主体参与协商权责边界，保障协商议事过程的充分性、平等性、自主性和公正性；提升村民在征地拆迁、集体资产处理、项目设施建设等重大决策上的协商"话语权"，发挥村民在其中的协商主体地位作用，确保村民的切身利益得到有效维护，使村民从协商主体参与机制的良性运行中受益。同时，对议事程序以制度的形式作出规定，确保协商议事严格按照法定的程序进行，实现协商主体参与机制的良性运转。

（三）严格协商决策落实监督

健全协商决策落实监督网络，进一步形成和完善以基层党组织监督为先导、村民监督为主体的协商决策落实监督，推进协商主体参与机制的规范化发展。此外，还要重视参与机制的反馈平台建设，对参与机制的运行程序以协商制度的形式作出规定，使协商议事严格按照法定的协商程序进行，提升协商程序的规范化水平和有效性，保障村民在协商议事各环节的参与权、监督权，形成科学的协商成果评价标准和考核体系，以推进协商议题的转化和落实。

二 提高协商主体的协商能力

协商主体的协商能力强弱直接影响着协商质量的高低和效益大小。"在中国农村基层协商治理中，不同主体对协商制度的理性认知和熟悉程度存在很大的差异性，直接影响着协商治理的实施。"[1]

（一）提高乡村干部和群众的协商主体意识

要对乡村地区的干部和群众进行协商文化的宣传教育，注重培育干部村民群众协商主体意识。在乡村大力进行协商治理文化教育，用自由、平等、民主的协商观念打破传统的"官本位""家长制"观念，有利于提高广大村干部和村民的协商参与意识和协商主体意识。要培养协商主体的协商制度意识，定期对村干部和村民进行协商制度方面的宣传教育，使广大村民干部和村民群众对于协商制度的基本功能、执行情况有所了解，促使村干部和广大村民自觉参与协商议事。

（二）提升乡村干部的协商素质和能力

乡村干部作为协商参与主体之一，对于协商的重视程度直接影响着协商议事的开展。因此，必须增强乡村干部的协商治理素质，加强对乡村干部协商治理意识的培训教育，提升乡村干部主导协商治理的意识，使乡村干部自觉自愿地参与协商议事实践活动。乡村干部在参与协商议事活动时要谨遵国家的协商方针、政策，在进行协商议事的时候要虚心听取村民群众等不同协商主体的意见建议，按照协商议事决策的原则形成协商决议。在协商决策时，既不能简单地听从其他协商主体的意见建议，也不能一意孤行，要多一些深入思考，在充分听取不同协商主体的意见、经反复酝酿后作出科学的协商决策。在作出协商决策后，要抓好协商决策的督查和落实。一旦协商决策作出后，就要按照各自分工马上进行落实和执行，切实做到协商决策科学、合理，最大程度地满足村民群众的协商需求，提高基层党组织的协商服务水平和对群众协商诉求的回应能力。

---

[1] 胡永保、杨宏：《中国农村基层协商民主治理的现实困境与优化策略》，《理论探讨》2013年第6期。

（三）提高村民群众参与协商的效率

村民作为另一个主要的协商参与主体，要增强其协商主体意识，通过广泛地参与到协商议事实践中来，能够真正获得处理关系其自身切实利益重大问题的权利。村民的利益追求直接影响着其参与的积极性，首先要提升村民协商议事的能力，不仅要培养村民对利益需求的协商辨别能力和协商利益表达能力，也要引导村民形成理性的、客观的利益衡量观念，这样可以有效化解村民之间、村民与村干部之间的矛盾冲突、利益纠纷。其次应关注村民的协商语言表达、协商意识培养和协商行为控制能力。通过协商语言、意识、能力培养，提高村民作为协商主体的责任意识，并以理性合作的态度参与协商对话活动，从而确保整个协商过程产生切实的效果。最后要培养村民协商关键信息提取的能力。在协商议事过程中，村民要面对来自不同渠道的协商信息，若仅凭感性、直观的认识去判断，他们是无法得到有用的协商信息的。因此，在协商信息来源方面，村民应该更多地关注权威机构发布的协商信息，这样获取的协商信息更具有真实性准确性。

乡村经济组织和社会团体也是另一部分参与协商主体，要培育乡村经济组织和社会团体的协商意识，积极支持乡村经济组织、社会团体、志愿者组织等非政府组织协商团体参与协商议事活动，以拓宽协商决策层与村民的协商联系渠道，激发乡村民间所蕴藏的巨大协商潜能。

三　保障协商主体的自主协商

"主张乡村治理协商民主的人们相信，基层群众可以就应当实现的公共利益达成一致意见，可以通过深度交流沟通避免产生不合理的偏见和冲动。"[①] 它不仅有助于弥补选举民主的缺陷，也有利于约束行政权力的扩张，进而促进农民利益的实现。协商主体参与的协商治理主要包括两个层面。一是协商主体内部协商，表现为村民作为协商主体内部协商议事等；二是在协商过程中不同层级协商主体的外部协商，特别是乡镇

---

① 肖立辉：《协商民主在乡村治理中的适用与推行》，《中国党政干部论坛》2015年第7期。

政府行政权力与乡村自治权力的协商与沟通等。要保障协商主体内部的自主协商。

（一）厘清"镇政"与"村治"的协商权责与协商边界

要进一步厘清"镇政"与"村治"的协商权责边界，推进镇村不同层级的协商议事制度实践探索，以协商主体内部自主协商为主要形式，强化协商主体协商议事自主协商功能，构建镇村不同层次协商机制，明确镇村不同层次协商权力来源于全体村民群众和其他协商主体，全体村民群众和其他协商主体对于镇村协商议题具有协商决策和协商监督权。

（二）明确与各乡村基层机构的协商职责权限

明确与乡村基层机构的协商职责，要对政府、乡村基层机构协商功能发挥的权限与范围作出细分。对于乡村宗族之间、村民与干部之间、村民与村民之间的关切事项，应首先考虑协商解决，若问题经协商得不到解决，再由镇村协商或者与乡村基层其他机构协商解决。

（三）细化运行机制

明确运行机制（程序），在协商议题产生、协商议事会流程、议事公开、共识落实、问责机制等方面作出进一步细化，提升协商程序的规范化水平和有效性，公开协商议事的各个环节、拓宽公开渠道，使村民群众广泛参与协商议事决策全过程，通过乡村小广播、手机短信、宣传专栏、乡村基层公共服务综合平台等途径，采用微信、QQ、微博等网络手段，第一时间公布协商议事决策和执行情况，公开内容包括协商议题、参与协商人员、协商会议决议、协商决策执行情况，而且要公开合同、方案、计划的详细内容，以及金额等关键信息。通过广泛公开增强协商议事的公信力和透明度，可以在一定程度上保障村民的知情权、参与权和监督权。此外，还要综合采用现代和传统的技术手段，积极建立网络村务平台对协商议事过程进行实时转播，并利用网络和村广播系统以及村务公开栏等载体及时向全体村民公开协商议事会决议和决定，并主动帮助村民克服一些硬件困难，让村民参与其中。通过良好的沟通渠道、通畅的信息传达系统、公开透明的办事系统，决策者就能具体、真实地了解乡村村民的真实意愿，确保民意在协商决策中得到充分体现。

第七章
乡村基层协商治理中的监督机制

乡村基层协商治理的法治保障是乡村法制化建设的重要组成部分，树立依法协商理念，使乡村基层协商治理立于宪法、法律及相关的协商规章制度基础之上，确保乡村基层协商治理在稳定的协商制度框架内有序发展，助推法治乡村建设。要使乡村基层协商治理达到科学有效的协商目的，就必须在法律层面提出协商制度保障，构建协商监督平台，完善协商监督机制，提高乡村基层协商治理的法治化水平。

第一节 协商监督的功能与实践

"三治一体"的乡村基层协商治理是一个系统工程，涉及县、乡镇、行政村等层面。从协商结构上看，有纵横交叉的协商治理；从方式上看，有组织性的协商主体，还有个体性的协商参与主体。协商治理所呈现的民主有需要专家咨询的民主，有需要公众参与的民主，也有需要社会组织参与的民主。"构建多层级、立体化的协商法律体系，是推动当代农村基层协商走向法治轨道、获得法治保障的基本路径。"[1] 要实现乡村基层协商治理法治化，必须要有完善的协商法律法规为其运行提供基本保障。

---

[1] 陈丽、宋菊芳：《社会主义协商民主和建设中国特色社会主义法治体系》，《武汉科技大学学报》（社会科学版）2016年第1期。

一 监督与协商监督

监督是乡村基层民主五个核心环节之一，解决的是乡村公共事务的全流程协商，除了需要法律来赋予其合法的地位以及规范的程序外，还需要有效的协商监督，保证村务协商落到实处。村民参与乡村事务的协商，因其是民主的、平等的，在一定程度上会对村委会的协商权力行使产生制约和监督。因此，监督与协商是一体两面，有力的制约与监督，是乡村基层协商治理是否真实有效的关键。党的十八届六中全会强调监督是协商权力正确运行的根本保证，在具体协商监督方式上强调自下而上的民主监督和人民群众的监督相结合，构建协商监督的体系。目前部分乡村基层协商主体的法律意识淡薄，乡村经济腐败、选举腐败现象频发，造成这种情况的原因主要是上级监督机构对乡村基层自治权力缺乏全方位监督，特别是对村"两委"干部的权力监督存在真空地带，村"两委"干部权力往往得不到村民群众的有效监督，没有监督的权力必然导致腐败。村民群众对村务运行的知情权、参与权、决策权、监督权缺乏有效的监督平台和制度保障，无法对乡村公权力实行有效制约，民主监督权利行使尚未真正落到实处，而村民群众又没有相应的法律规章制度来保障其实施对乡村公权力机构的监督。

在乡村基层实施有效规范的乡村事务协商，目的是对乡村公权力的生成和运行进行有效的协商监督。村民自治制度中设置的村民代表大会、村民大会等监督环节的目的在于约束乡村公共权力，而事实上监督操作层面的复杂性使得群众监督的目的并未能很好地实现。而乡村基层协商所特有的参与主体广泛、参与方式多样、公开性的特征，可以避免村民群众对公共权力监督的缺失。协商治理推动协商监督，要重视村民群众协商意见的表达，把村民群众协商监督真正落实到乡村事务的协商治理之中。2016年，中央"一号文件"强调："加大对农民群众身边的腐败问题的监督审查力度，重点查处侵犯农民群众权益的问题。"[①] 2017

[①] 《人民日报》2016年1月28日第1版。

年12月4日，国家颁发的《关于建立健全村务监督委员会的指导意见》，强调村务公开制度，把村民群众关心的热点问题公布于众，自觉接受村民监督，精准地对村务进行有效的监督，健全和完善了村民自治中的"民主监督"环节，实现了村务的全程监督，健全了村民自治制度中的"选举、决策、管理、监督"四大环节，不仅是对村民自治制度的完善，本质上也属于乡村基层协商治理范畴。2019年，中央"一号文件"提出："全面建立健全村务监督委员会，发挥在决策和公开、财产管理、工程项目建设、惠农政策措施落实等事项上的监督作用。"[①] 因此，村民自治的当务之急是要本着协商的原则，积极动员村民参与村务的协商监督，在参与村务协商监督中提高其自身素质，实现村民自我协商、自我监督。

乡村基层协商治理实践与村干部的权力制约、村民利益协调、村务监督有着高度的契合性。村民对乡村事务政策的协商制定、村干部权力使用等发表意见和见解，有利于乡村公共权力掌握在多数人手中，打破传统意义上权力的运行程序。村民或村民代表协商决策村务的方式是人民真正行使民主权利的体现，是对村"两委"干部权力的监督，在"三治一体"乡村基层协商治理实践中彰显出法治的价值。乡村基层协商治理实践不仅是一种治理方式，也是民主理念，村民参与村务协商监督，客观上增强了村民的协商权利意识，促使村干部提高监督责任意识，重视村民监督权利，村民群众协商意识、监督观念的形成，扩大了村民有序政治参与，无疑可以与对公权力的监督一起统一在乡村基层协商治理的过程中，实现监督从形式到实质的转换，控制村"两委"干部权力膨胀，防止村"两委"干部滥用职权的腐败现象发生，形成乡村协商治理中法治保障的协商监督。

二 协商监督机制

协商监督，是指村民群众或第三方社会组织借助村务监督委员会等

---

① 《人民日报》2016年2月19日第1版。

平台机构在遵循乡村法治建设原则的基础上参与村庄公共事务与服务的协商与监督，特别是参与对乡村公权力运行的协商监督，是民主监督的发展创新形式，它属于乡村基层协商治理中法治建设的一部分。因此，村务监督委员会协商监督机制实际上是指协商机制在参与乡村基层协商治理的法治建设中，促进村务监督委员会协商监督的法治化，为乡村基层事务协商治理提供法律监督保障的制度机制。

（一）确定村务监督委员会协商监督的法律地位

由于法律所具有的普遍性特征，村务监督委员会协商监督机制的运行主要是参照现行的法律规定，随着乡村社会的发展而出现的新问题、新事物，需要纳入法律监督规则之中，进一步完善乡村基层协商监督的法律法规，为村务监督委员会协商监督提供法律支撑。因此，完善协商监督的法律和制度是乡村基层协商监督的本质要求和重要保障，使村务监督委员会的协商监督更有"章法"。

村务监督委员会协商监督的法律制度供给要优先考虑乡村基层协商监督的整体性，提供一个完整的乡村基层协商监督的法律框架，规定乡村基层协商监督主体的资格要件、组织原则、运行程序及目标，要严格遵守基层协商治理的基本原则，规范各协商主体间的权限与沟通合作的要求等。

首先，要规范好现有乡村基层不同协商监督主体之间的关系，界定不同协商监督主体的职责权限及功能范围，减少不同协商监督主体在协商监督过程中的冲突，避免因不同协商监督主体相互推诿或确实存在协商监督漏洞而形成的村民协商监督需求无回应问题。

其次，要解决乡村基层协商监督主体扩容的条件、程序等，明确在什么条件下可以经过什么程序作为协商监督主体，严格区分乡村基层具有协商职能的监督主体与不具有协商职能的监督主体。

再次，要解决多个协商监督主体在必须协商监督的情况下如何进行协商监督平台的构建和程序建设问题，这一方面主要是为了满足多元协商监督主体在任何一个协商监督主体有协商监督需求或出现紧急事态的情况下能顺利启动多元协商监督主体之间的协商机制，以及时有效地协商问题。另一方面也是为了任何一个协商监督主体在协商出现失误的时候能够及时得到纠正和帮助，既是为了避免因协商监督主体之间的协商机制缺失而导致的协商失误，也是为了实现乡村基层协商治理更公平的结果，特别是在涉及村民重大利益协商的时候。

（二）细化乡村基层协商监督的法律措施

为了保障乡村基层协商监督更加规范，既要突出乡村基层协商监督的法律整体性，也要采取相关的协商监督的法律建构措施。

首先，厘清不同部门颁布的监督法规及规章，从根本上改变依据因权力来源不同而导致乡村基层多元协商权力难以协商监督所存在的法律弊端，尤其要改变不同部门依照其自己颁布的监督法规章程在乡村基层寻找协商代理人各自为政的协商格局，坚决避免在乡村基层协商监督法律体系中出现各种具有整体性之权力逻辑的结果。

其次，要总结整理中国传统社会及近现代有益的协商监督经验，深入考察中国当代乡村基层协商监督的现状，由国家立法机关制定具有全面覆盖性及整体性的"协商监督法"。"协商监督法"则要在覆盖面和整体性上充分考虑由不同法理支撑的各协商监督主体，提供系统完善和合理协调的协商法律规范，着力于处理好多元协商监督主体的关系，规范好各个协商主体的监督行为，实现协商监督权力之间的协调、配合及互相监督等，贯彻和落实协商治理之政治逻辑，实现我国乡村基层协商治理的可持续发展。

（三）制定地方性的乡村基层协商监督章程制度

乡村基层的协商法治建设并不在于创建协商"法条"，而在于增强全体村民依法协商监督的协商法治观念，使村民敬畏协商法律、信仰协商法律、尊重协商法律成为基本价值取向，培育乡村基层协商监督的社会资本，培养具有协商法治意识和协商思维的协商监督主体是关键，要大力推进依法协商监督，村"两委"干部要带头依法协商，培育村民协商法律意识是提高乡村基层协商监督水平的重要要求，树立村民群众自觉依法协商的良好气氛，强化法律在开展乡村基层协商监督过程中的权威地位，确保乡村基层协商治理实践始终沿着正确的法治轨道运行。

在乡村基层协商监督中，自治章程和规范包含成文法，但更重要的是体现在地方性的自治章程、村规民约等形式中的法治协商精神。法治协商对于乡村基层协商监督的意义，不仅仅是指依据协商法律条文调节乡村事务协商，更重要的是指依法协商的精神，是包括地方性的自治章程、村规民约在内的一整套协商规则体系。根据规范生成与国家权力之间的关系，乡村基层协商监督的协商法律法规类型分为正式协商法律法规与地方性村规民约、自治章程等协商监督章程。正式协商法律法规的主要特点是经由一定的程序、人为制定而具有的计划性和外在性，主要包括国家协商法律、政策及党内协商法规以及地方党政机关制定的规范性协商文件，是乡村基层协商监督遵循的基础性协商法规，是乡村基层协商监督得以展开的前提。地方性的协商章程是基于乡村生活长期实践、演化中形成并发挥作用的，包括非国家法意义上的习惯法、自治章程、村规民约、道德规范及乡村自组织规范等等，具有协商的区域性、习惯性等特点。

地方性的协商监督章程建立在村民之间深度信任的基础之上，根植于村民的生活习惯、习俗、习性，涉及维护乡村基层秩序、调解邻里纠纷、婚姻家庭生活、维护善良民风等，应符合本村村民对传统道德、习俗、邻里关系、公共事务管理的情感认知、村民协商制定、共同遵守、互相监督，因而能够得到村民的广泛认同和普遍接受，其在本质上属于村民之间订立的协商契约，主要依靠道德舆论为保障，不仅对解决"熟人社会"中复杂的血缘人际关系问题具有积极意义，而且在一定程度上增强了村民的协商精神。

由于我国乡村地区的历史传统、文化风俗和经济状况存在较大差异，因此，有必要针对乡村地区的特殊性制定地方性的乡村基层协商监督规章制度，但在自治章程、村规民约等地方性协商监督章程制定的时候也要防止和废除违反国家协商法律和乡村公序良俗的条款。推进正式协商法律和村规民约等地方性协商监督章程成为村民群众心中至高无上的权威。因此，要依国家协商要求，强化对村规民约、自治章程的深度协商，把我国乡村地区存在的大量的协商监督风俗纳入我国乡村基层协商监督机制的地方性协商监督章程中，让村民基于本村发展水平和主要社会矛盾因地制宜地制定本村的协商监督"法律"，让地方性协商监督章程规则得到村民的参与、认同和接纳，这种建立在全体村民充分协商、沟通、互动和讨论基础上的地方性协商监督章程，不仅可以避免国家协商监督政策"一刀切"问题，提高村民守法协商的积极性，让村规民约等地方性协商监督章程和国家协商法规一起，真正成为乡村社会至高无上的权威。

(四) 协商监督内容的清单化

乡村基层协商只有有法可依、依法而行方能长远前行。为避免出现将乡村事务协商单纯作为推动乡镇工作和村"两委"工作的协商形式，重点要强化乡村事务协商监督的规范化，真正把与村民密切相关的核心议题纳入协商监督机制中，引导各协商监督主体依据协商法律法规和政策制度自主开展监督活动，积极参与与村民群众利益密切相关的公共决策或公共服务的协商监督，在国家协商法律、法规规定的协商框架内，探索运用正负面、权力、责任清单协商形式，强化"自下而上"的协商议题产生机制，提升协商议题的广泛性、公共性、代表性。建立乡镇、村协商监督的协商目录，对乡村基层协商监督的主体、内容、方式、载体、规则、程序进行规范，对照协商清单和协商办事流程，建立相关配套协商制度，保障乡镇、村协商成果的落实，一方面保障村民的知情权、监督权，另一方面规范村干部协商权，按协商程序操作。

(五) 完善协商程序的监督

"协商民主本身是一个关联性的过程，它不仅是政治决策机制，同时也应该是政策纠错机制，但当下协商民主还缺乏有效的反馈机制，难以对政策的执行过程进行监督、对政策的执行效果进行反馈。"[1] 乡村公共事务协商要实现良性运行，其中不可或缺的就是监督。虽然乡村群众参与乡村公共事务协商的愿望较为强烈，但是，由于协商监督机制的缺失，村民参与村务协商决策监督权并没有落到实处。特别是在村务协商

---

[1] 王学俭、杨昌华：《协商民主制度化的价值、问题与路径探析——以国家治理现代化为视角》，《湖南师范大学社会科学学报》2014年第5期。

决策过程中，没有明确的关乎协商监督部门和人员以及监督内容的界定。因此，要把完善协商监督程序作为乡村事务协商的重要组成部分，设立专门的协商监督机构，对村务的协商进行全程的监督及反馈。同时设立群众意见反馈箱，对协商议题不重视、不办理或办理不好的限期整改，使协商监督真正成为推动乡村基层协商程序顺利运行的有力保障。

第二节　监督机制的实践与"瓶颈"

乡村基层协商监督贯穿于乡村基层协商法治化建设的全过程，一方面，乡村基层干部通过不同的协商渠道，坚持群众路线，在充分征求村民群众意见的基础上，与村民群众平等协商，以便更加科学地确定协商的内容；另一方面，它需要建立一个有效沟通的第三方协商监督平台，村务监督委员会便于村民群众就村务协商的议程进行监督，提高协商监督的科学性和规范性。但村务监督委员会协商监督的法制化水平依旧不高，在实践中还面临着很多亟待解决的"瓶颈"。

一　监督机制的实践

自 2019 年党中央明确要求全面建立健全村务监督委员会、加强村务监督作用以来，全国各地乡村开展了形式多样的村务监督委员会协商监督实践探索。为了提升乡村基层协商监督主体的权威性和协商秩序的内生性，使"三治一体"乡村基层协商治理体系具有强大的稳定力量，按照"协商前防范、协商中控制、协商后补救"的协商原则完善村务监督委员会协商监督机制。从全国各地村务监督委员会的协商监督机制实践来看，它主要以村监会、民主评议会、村务理事会、村务监事会、村纪委等为平台，构建以法治保障为重心的村务委员会协商监督体制机制。

（一）推进了乡村协商监督的制度体制建设

乡村协商监督制度建设是一项系统工程，各地乡村着眼长远系统规划，努力践行法治为民的协商监督理念，结合实际统筹谋划，为村民群众提供优质便利的协商监督法律服务，最大限度地满足乡村基层协商监督主体的基本需求，着力推动村民群众形成信法、学法、用法的协商监督思维，以创建民主法治村作为协商监督法治建设的基础工程，深入宣传贯彻协商法律、法规，把普及协商法律知识作为协商监督法治建设工作的重点，健全组织、培训普法宣传员，推进协商监督法律服务平台建设，搭建了一批法治协商监督文化阵地，聘请了协商监督法律服务团队、设立协商监督法律服务点指导乡村民众依法协商监督，实行协商监督法律服务团队驻村服务、入户服务等，真正把协商监督法律知识教给村民群众，使村民群众学法、懂法、守法，提高村民群众协商监督的法律知识水平，增强村民群众协商监督法律意识，提升了村民群众协商监督的法治观念，充分调动了村民群众参与协商法治乡村建设、就地协商解决矛盾。

处于改革开放前沿的广东省勇于探索、敢为人先，坚持科学立法、民主立法、协商立法，在乡村基层协商监督立法上创设了一系列首开先河的制度机制，打造了新时代乡村基层以法治为保障协商监督的广东品牌，基本上覆盖了乡村经济社会生活的各个主要方面。2021年9月6日，中共广东省委全面依法治省委员会印发了《关于加强法治乡村建设的实施意见》，列出了以法治为保障的乡村基层协商监督的"路线图"，努力促使涉农法规协商监督制度更加完善，乡村公共法律协商服务体系更加完善，基层协商执法质量明显提高，干部群众依法协商的自觉性显著提升，明确到2022年创建1000个以上的省级民主法治示范村（社区），力争以法治为保障的乡村基层协商监督走在全国前列；到2035年法治乡村基层协商监督基本形成，要求深化打造公共协商监督法律服务生态网，推进全省示范性公共协商监督法律服务站、工作室建设。目前已基本建成500个示范性乡镇公共协商监督法律服务工作站和3000个示范性村（社区）公共协商监督法律服务工作室。要求全省每村（社区）建有一个协商监督法治文化阵地；开展乡村"法律明白人"培养工作。其中，中山市司法局提出了《关于提供有力法治保障服务乡村振兴战略实施的工作方案》；潮州市委依法治市办出台了《关于加强法治乡镇（街道）建设的实施意见》，着力打造广东以法治为保障的乡村基层协商监督新特色，为实施乡村振兴战略提供良好的协商监督法治环境。

广东以多种形式大力推进以法治为保障的乡村基层协商监督机制建设，初步建成乡村基层协商监督法律服务实体平台，形成了"线上30秒、线下半小时"公共协商监督法律服务生态圈，成为全国乡村公共协商监督服务十分便捷的省份之一，乡村基层协商监督保障服务建设取得了长足进步，在全国乡村创下多个"第一"和"率先"。截至目前，共有181个村（社区）获得"全国民主法治示范村（社区）"称号，332个村（社区）获得省级"民主法治示范村（社区）"称号，全省25763个村（社区）完成省"民主法治村（社区）建设"①。至2020年底，潮州市共在89个法治协商监督保障乡村建设先行村建成公共协商监督法律服务工作室89个，协商监督法治书屋89个，协商监督法治文化公园15个，组织开展协商监督法律咨询活动50场次，举办协商监督法治讲座100多场次，受众超15000多人次，89个法治协商监督保障乡村先行村连片成群，取得良好成效。②

（二）实行村务协商监督的清单化

村务协商监督的清单化实现了从单一的村务协商权力监督上升到村务协商权力、责任监督的全覆盖，村务协商监督的"全员化"，突出了协商权力为公的协商理念，既把协商监督延伸到乡村的基层，又把村民群众协商监督放在了重要位置。如广东严格规范乡村基层政府协商权力边界和协商运行轨迹，在全国率先出台地方性协商法治保障的乡村基层协商监督建设规划，出台全国首部乡村基层政府依法协商的行政条例，在全国率先推出重大村务决策目录协商监督制度，90%以上的行政村达到村务公开"五化"建设标准。广东省政府已修订《广东省村民委员会选举办法》，扎实推进2021年村（居）委会换届筹备工作，组织开展全

---

① 参见 http://www.sohu.com/a/488145948_121106875。
② 参见 http://www.360kuai.com/pc/9a2840a6e。

省村（社区）委员会成员协商民主评议。已在全国率先推动非户籍常住居民参与社区（村）"两委"选举试点工作，深入应用《城乡社区协商工作规范》《村（居）民委员会工作职责事项指引》两项省级地方标准。广东省政府牵头制定《关于改进和规范基层群众性自治组织出具证明工作的实施意见》《关于进一步规范全省村（社区）"两委"津贴发放工作的通知》等政策性文件，部署改进和规范基层群众性自治组织出具证明事项整治行动。通过协商监督内容的清单化，公开村级协商权力范围、乡村各项事务，使得各协商监督主体都享有参与权、话语权。目前，全省23项证明事项已被列入协商监督清单，明确规定取消。全省26361个村（社区）办公经费、党建经费保障得到加强，村（社区）"两委"干部待遇和村务监督委员会成员补贴标准提高，逐步建立正常离任村干部信息采集和长效保障机制。[1] 如广州市增城区下围村2016年初制定并向全村每户村民派发"下围村集体土地固定资产名录"协商监督清单，让村民对村集体的财产一目了然，做到心中有数，以便更好地参与到招商事务的民主商议中，也更好地监督村委会招商引资行为，确保公平、公开、公正。[2]

（三）村规民约、自治章程的法制化

村规民约、自治章程不仅是乡村基层协商监督的制度成果，而且是乡村基层协商监督的心理基础，具有很强的协商规范力、约束力、监督力，是村民群众协商制定的一种自主协商、自主监督的社会自治规范，是协商法律在乡村的一种补充手段。

由于各地乡村的政治、经济、文化发展水平差异较大，各地乡村的村民自治发展水平不平衡，因而村规民约的协商制定水平参差不齐。以法治为保障的村务监督委员会协商监督机制实践的一个重要方面就是引入法律顾问参与村规民约的协商制定，使村规民约法制化。如广东省法律顾问律师协助27400个村（社区）开展了村规民约的清理、修订、协商完善工作。2020年，全省村（社区）法律顾问律师举办协商法治讲

---

[1] 《羊城晚报》2021年5月6日第A3版。
[2] 《羊城晚报》2021年5月6日第A3版。

座及协商培训近8.6万场次,提供协商法律咨询36.5万人次,协商调处矛盾纠纷近8000宗。对村(社区)出具协商法律意见书3.4万多份,协商审查各式合同近3.3万份,协商帮助村(社区)换届超过5300次,实现协商治理决策、村务公开和群众监督的目标,当好村委会的外脑协商"智囊团",切实提升了基层协商的组织法治化水平。[①] 同时,还强化了对各地乡村基层协商监督实践经验的总结、提炼,逐步将成功的"民间协商法"转化为协商立法和政策。如2021年广东省100%的村(社区)完成了村规民约(居民公约)的修订,珠海市斗门区乾务镇龙津村、梅州市蕉岭县潭镇白马村等4个村(社区)的村规民约、居民公约获评优秀范例。佛山市南海区、广州市增城区增江街道大埔围村等被评为全国首批农村幸福社区建设示范单位。[②]

(四) 协商监督平台的网格化

以法治保障的协商监督机制注重乡村基层协商监督的平台建设,加强对乡村基层协商监督平台建设的资金支持和保障。各省市自治区各级财政部门都加大了对乡村基层协商监督平台机构建设的扶持力度,增加资金投入,将乡镇、村(居)协商监督平台建设纳入乡村公共法律服务体系建设,建构镇村协商监督站,协商监督团队驻村服务、入户服务等平台的网格化,充分调动村民群众参与协商监督平台的建设工作。目前,全国有近60万个行政村组织设立了"村务监督委员会"作为协商监督的平台机构。据统计,在村(社区)党组织领导下,到2021年5月,广东全省19491个村级集体经济组织100%完成换届选举工作;村(居)务监督委员会100%完成成员推荐,共推出85886名成员,有25823个团组织、26242个妇联顺利完成换届,有7550个村(社区)推举产生党组织纪委书记或纪检委员会主任,初步构建了基层纪检监督组织与村(居)务监督委员会有效衔接的平台。[③] 通过发挥"村务监督委员会"等协商监督平台机构的监督功能,建立起科学、有效的协商监督

---

① 《羊城晚报》2021年6月21日第A4版。
② 《羊城晚报》2021年5月6日第A3版。
③ 《羊城晚报》2021年5月6日第A3版。

机制，有利于吸引村民群众参与到乡村事务协商监督之中，增强乡村基层协商监督的权威和发展动力。

二 监督机制的"瓶颈"

随着我国乡村社会的迅速发展，法治保障的协商监督机制在乡村基层协商治理中发挥着越来越重要的作用。尽管乡村基层民主监督经过了较长时间的摸索，法治保障的协商监督机制也在实践中取得了显著的成效。但是从全国范围来看，法治保障的协商监督机制法制化水平依旧不高，原因之一是法治保障的协商监督机制在实践中还面临着很多亟待解决的"瓶颈"，还需在实践中不断予以完善。

（一）协商监督主体不足、法律意识不强

1. 协商监督主体广泛性、代表性不足

确定协商监督主体是乡村基层协商监督依法进行的前提。由于乡村基层协商监督的具体实施细则不规范，对不同协商监督主体的角色定位缺乏明确的制度界定。村民作为乡村基层协商监督的重要参与主体，其能否准确定位、广泛到场参与是法治保障的协商监督机制有效运行的前提，在一定程度上决定了协商监督的实效性。长期匮乏的乡村经济导致乡村广大协商监督主体特别是村民缺乏协商监督思维，对其自身协商监督定位不准、协商监督意愿低下。如果乡村基层协商组织者协商监督意识不强，把应当参与协商监督的协商"利益相关者"或外来务工人员排除在协商监督主体外，就会在一定程度上影响乡村基层协商监督主体的广泛性和代表性。

目前，乡村基层协商监督主体的产生主要有三种方式，即自荐、村民推荐、组织推荐，现行协商政策规定外来务工人员没有资格参与自荐和群众推荐，只有组织推荐一种方式，组织推荐参与协商监督的外来务工人员大多也是协商能力强的一些具有代表性的人员，这就造成了乡村基层协商监督主体的广泛性和代表性不足，协商监督的效果也难令群众满意。笔者在广东调研中发现，Z 村作为珠江三角洲经济发达地区的城郊村，有着大量外来务工人员，Z 村户籍人口为 6800 人，外来人口却达

到了7200人，非户籍外来人口数量甚至超出了本村户籍村民。生活和工作在Z村的非户籍人员对Z村的经济、民生、治安等方方面面都产生了很大影响，对Z村的社会发展作出了较大的贡献。非户籍外来人员的生活与行为也影响到Z村的稳定发展，但是他们作为外来人员，按照现有村民自治的规章制度，参与乡村基层协商监督的渠道普遍不够畅通，由于其自身定位的模糊性，即便参与协商监督，在协商监督过程中，要发挥怎么样的监督作用，也显得十分盲目，民主权益没法得到保障。主要根源在于非户籍外来人员除了通过嫁娶这条路径之外没有其他渠道和政策可以在Z村落户。没有户籍就没有选举权和被选举权，更没有监督权，且不能享受Z村的分红福利，也不能享受跟Z村村民同等待遇的子女义务教育资源。非户籍外来人员不能直接参与村里公共事务的协商监督，即使参与也只是受邀请代表列席，只有建议权，没有表决权和监督权。这些都在一定程度上挫伤了非户籍人员为Z村发展做贡献和参与Z村公共事务协商监督的积极性，对Z村的归属感和认同感也渐渐消退。他们意识到他们永远是Z村的旁观者而不能成为新村民，对Z村的发展也就没有那么关心了，由此影响了Z村协商监督主体的代表性、广泛性。

2. 协商监督主体法律意识不强

乡村经济的发展状况对乡村基层协商治理的发展有着重要的影响。由于城乡二元结构，当前我国的农业、乡村整体发展远远落后于工业化、城镇化发展，城乡发展以及城乡居民收入水平依然存在着较大差距。乡村经济发展的缓慢严重制约着乡村基层协商监督的运行发展。原因在于乡村基层协商监督运行机制在实施的时候需要花费较大的经济和时间成本，利益是协商监督主体政治参与的根本内驱力，当村民把较多的时间和精力放在维持生计和满足其自身物质生活所需的时候，就很难拿出更多的精力参与乡村公共事务，特别是与村民利益直接相关事项的协商监督，由此便直接影响到村民的协商监督意愿。加之村民只关心与其自身利益相关的事务，对于村庄公共事务不太关心，参与协商监督的热情不高。

乡村大多数村民协商法律意识、协商法制观念淡薄，协商法律知识缺乏，村民依法协商监督的能力十分有限。尽管现阶段乡村大部分村民的维权意识逐渐增强，但是由于村民受教育程度及整体文化素质较低，缺乏必要的法律知识素养，参与协商监督的村民很大一部分虽然受过一定的文化素质教育，但没有受过与协商监督相关的法律法规的培训，缺乏协商监督的法律知识，语言表达分析能力较差，加之村民掌握的经济、人脉等资源有限，直接导致村民协商监督能力低下和话语权薄弱，无法在协商监督过程中准确表达他们自己的利益诉求，行使他们自己的民主监督权利。很多村民即使参加了村务协商监督，也表现出一定的盲从性和依附性，他们认为他们没有能力左右村务的协商决策，通常寄希望于村里有地位的能人在协商监督过程中为他们发声，即便有不同意见也很少直接表达。

(二) 协商程序缺乏合法性审查

1. 协商议题选择合法性审查缺失

协商议题选择作为法治保障的协商监督机制程序的第一步，起着至关重要的作用。协商的议题应是与村民切身利益密切相关的村务重大事项。由于相关的协商法律对乡村基层协商监督的协商议题规定不明确，《中华人民共和国村民委员会组织法》第38条原则上规定了乡村基层协商监督的内容，但缺乏可操作性，于是很多乡村没有针对议题选择设置专门的监督机制，对重大事项缺乏清晰的定义范围，对哪些内容需要协商监督、哪些内容不用协商监督没有明确规定，部分协商议题在合规性方面还有待商榷。尽管很多乡村基层协商监督成功案例在协商议题选择的时候，会收集村民群众意见，但协商议题的最终选择提议权仍掌握在村"两委"干部手中，这导致部分协商议题的选择显示出随意性、缺乏公共性。

部分村"两委"干部因为群众关心的热点议题较为尖锐敏感，为避免引起矛盾而弃用之；部分村"两委"干部凭主观判断或者其自身利益需求提出协商议题，这样产生的协商议题由于没有监督而缺乏公共性、合法性。再者，由于乡村内部利益不仅多元而且复杂，导致村级重大事项相对较多，例如，村规民约的制定；股权分配及固化、股份分红；村集体土地确权、发包、出租；村民教育、养老、医疗保障；村民房屋管控、出租；大宗物品采购、涉农重大建设项目引进；村居环境整治以及村建设和长期发展规划目标的制定等。如果村民之间的一些琐事也要求列入公共协商监督事务，严格按照法治保障协商监督机制的一整套流程进行的话，就会造成财力、人力资源的浪费，导致村务协商治理效率的低下。因此，乡村基层协商监督议题的确定亟待相关的法律法规审查，才能确保协商依法、有序、合规开展。

2. 协商议事会主持人选择欠合规

法治保障协商监督机制要求对影响乡村基层群众和社会利益的行政行为、决策进行协商监督，一般都是以协商议事会的形式实现协商决策的，每次协商议事会都要有会议主持人来主持。协商议事会主持人作为法治保障的协商监督运行机制整个进程的把控者，其合理合规选择直接影响着整个协商的效果。例如，在调研中 Z 村的协商议事会议的主持人一般由村党委副书记担任，如果是村"两委"小型协商会议，由村内部人员担任主持人完全没有问题，但是村民代表大会、党员大会这类人数有上百人的会议，甚至是几千人的全体村民大会还是由村干部担任主持人就不是特别妥当和不合规定了。虽然村干部相对来说比较熟悉村里的协商议事流程和内容，但是作为村"两委"成员，不能保证其不会对协商内容带有其自身或者村"两委"的偏好倾向，一旦主持人对协商议题有了其自身的偏好倾向，就很难以一种中立的态度公平公正地引导其他参与协商的代表发言。如果主持人带着其自身既有的想法去主持引导协商代表发言，就有可能导致协商代表没办法表达他们自己内心真实的想法，继而会影响协商决策的合法合理性。

3. 协商议事程序合法合规性审查缺失

法治保障的协商监督运行机制的议事环节程序必须是通过协商议事会议来实行和体现的，协商议事程序是乡村基层协商决策得以实现的必要条件。由于目前我国相关协商政策文件没有对协商议事程序作出明确具体的规定，程序环节恰恰是乡村基层协商组织者和协商决策实施者最容易忽视、容易出问题的一环，而协商程序往往是由协商组织者自己商定的，缺乏相关的协商法律法规的支撑。由于需要协商的事务和决策往往具有协商的时效性，即需要根据特定的协商内容来组织相关协商主体协商，具有协商的临时性和协商的突发性特征，有的甚至为了让协商的流程加快，先按既定的协商结果实施，后再补充协商流程这一协商程序，这样就没有依照协商的法律法规所规定的协商监督程序进行协商。虽然一些乡村制定了一系列由法治保障的协商监督运行机制程序的相关规定，但难免会在执行协商程序时受思维惯性的影响，抑或是受繁杂村级事务的协商压力等多种因素的影响而显示出协商程序较大的随意性，存在协商程序合并甚至缺失某一程序的情况。

（三）协商监督制度不完善

1. 缺乏权威性协商监督法规

法治保障的协商监督机制作为一种乡村协商法治建设的新机制，国家在顶层协商监督制度设计上颁布了一些宏观指导性的协商监督政策文件，但是这些协商监督文件在实际操作中缺乏相关法律法规的硬性协商监督规定。加上中央颁布的关于乡村基层协商监督的文件规定需要照顾到全国乡村的普遍性情况，所制定的协商监督政策相对笼统和宏观，如果所有乡村地区都照搬照抄中央协商监督文件来指导乡村基层协商监督的运行，显然缺乏协商监督的针对性和实用性。目前，还没有专门用来规范乡村基层协商监督的法律法规，现有的《村组法》对于乡村基层协商监督的规定内容非常少，只对村委会、村民会议以及村民代表会议监督作了一些一般性的规定，而对于具体的协商监督主体、协商监督内容、协商监督程序等监督的细节问题尚未作出规定说明。一些乡村虽然制定了一些村规民约以及管理办法，对乡村基层协商监督作出了一些制度规定，但是制度规定不是协商法律，不具备刚性约束，这就导致乡村基层协商监督呈现出强随意性、弱实践性特征，乡村基层协商监督全靠村干部和村民的主观意志，严重制约了乡村基层协商监督的制度化、规范化发展。

2. 缺乏可持续发展的协商监督机制

基层政府是法治保障的协商监督机制运行发展的主要推动力，在乡村基层协商监督中，基层政府不依法协商、侵犯村民利益的协商行为时有发生，"法治为形、人治为实"的协商现象较为普遍，乡村基层协商监督流于形式的情况在一定程度上存在着，村务协商监督机构不健全、协商监督机制缺乏活力、协商决策不到位，很多乡村地区实行村务协商监督都有赖于村"两委"甚至是个别村干部的协商推动力，村"两委"协商议事、决策的民主程度不高，村民很少参与协商监督，协商过程缺乏透明性。这直接导致了"一把手崇拜"协商现象严重，要不要协商、协商什么内容、谁来协商等都由村"两委"干部说了算。虽然一些乡村依法协商监督开展得红红火火，取得诸多成效，但全靠有个好的领航者、带路人——村党委书记或村主任协商推动。如果村党委书记或村主任的任期结束或者调离，新上任的村党委书记或村主任是否仍然能依法协商？是否能继续积极推行前一任村支部书记或村主任制定的所有协商监督规章制度？这些都是未知数。乡村基层协商监督运行机制受制于领导协商意志，因村"两委"干部的变化而变化，出现"人走政息"、协商动力不足的局面，就是因为缺乏一个可持续发展的法治保障的协商监督运行机制。

（四）协商监督法制文化薄弱

1. 社会主义法制监督文化欠缺

改革开放以来，广大乡村村民的依法协商意识日渐提升。但是延续数千年的封建专制统治和封建专制文化对村民的影响是根深蒂固的，传统政治文化中的中庸思想、臣民意识和官本位思想等消极因素绝非短期内能改变。这些封建传统文化与协商治理所提倡的民主、文明、平等、和谐、自由、公正等社会主义主流协商监督文化理念背道而驰，进而影响村民的协商监督意识和依法参与协商监督行为。受臣民思想的束缚，村民的民主监督意识被压制，对村干部存在敬畏感，在村务协商中常常表现出逆来顺受，多数村民认为他们自己人微言轻，在村级事务协商时说不上话，也不敢提出异议。中庸思想导致村民丧失了协商主体意识和协商判断力，"盲从""随大流"协商现象突出。这些封建传统文化思想都大大降低了村民协商监督意识和参与乡村基层协商治理监督的主动性和积极性。在传统政治思维的影响下，村民在表达其自身政治利益时总是习惯于通过"搭便车"的方式即通过其他群体权益的实现顺带实现其自身的利益。[①]

2. 宗族传统文化较浓厚

宗族是依靠血缘情感关系聚集而成的村庄利益共同体。我国乡村社会历来是一个人情社会，村民长期处于相对稳定封闭的村落社会中，拥有共同或相似的风俗习惯、生活方式，导致熟人社会的形成，这是宗族势力得以存在的根源。尽管宗族统治在现代的中国乡村社会已经式微，但是其观念意识已经深深地扎根于村民心中，想要在短时间内将其去除是一件很困难的事情。宗族势力凭借其在乡村社会中人口数量、政治资源等方面的优势，成为乡村基层协商监督主体的一部分力量。村民在选举时很容易受传统宗族观念和人情关系的影响，他们在潜意识里觉得他们自己宗族的人掌握权力就能为本家族的人谋取利益，其他家族的人当选了，他们就要吃亏。在这种思想观念的引导下，村民在选举投票时会受感性思维的支配，而将票投给本宗族的人，即使其他宗族的人更有能力更适合当村干部也没有办法改变他们的选择，这导致大姓宗族往往能获得更多的选票并掌握权力。宗族文化、传统礼俗文化"亲族不亲理"的观念在一定程度上阻碍了乡村基层协商监督的发展。

第三节 监督机制的完善

要克服协商监督机制实践中存的"瓶颈"，就要从整体上进行改进，着重运用协商思维和监督方式，培育协商主体的监督意识，发挥监督在乡村基层协商实践领域的保障作用，从全局上加强协商监督制度的设计建设，健全协商监督领导体制，加强协商监督的组织保障。

[①] 徐勇、邓大才：《植根实践　着力打造"三农"高端智库》，《中国高校科技》2014年第4期。

一 培育协商主体的法律监督意识

（一）提高乡村基层协商组织依法协商监督的意识

乡村基层党组织是推进乡村基层协商监督最主要、最直接、最有效的力量，也是提高乡村基层依法协商监督水平的关键。乡村基层党组织作为法治保障的协商监督机制的主导者，发挥着把控协商全局、协调各方的核心作用，要将乡村基层协商监督纳入乡村基层党组织、政府加强基层组织建设、完善乡村基层"三治一体"协商治理体系的重要工作，就要切实转变乡村基层协商治理的观念和方式。乡村基层党组织要加强依法协商监督意识，加强协商监督的主观能动性，制定具体协商监督方案，努力推动依法协商的良好的法治协商监督环境，在法治协商监督轨道上推动乡村事务的协商。

法治保障的协商监督机制的运行发展在很大程度上取决于村"两委"干部的协商监督意识，必须重视提升村干部的法治素养和协商监督意识，要促进村"两委"理性引导监督与村民理性参与监督有机衔接，增强村"两委"班子成员的协商公信力、执行力，努力成为乡村基层协商监督的自觉践行者，保障好、维护好村民对乡村事务的协商监督权利。

首先，村"两委"干部必须转变思想观念，树立法制意识、公仆意识，克服主观主义、宗族主义，强化协商责任意识、监督意识和服务意识。在乡村基层事务协商过程中将其自身放在与村民群众平等协商沟通的层面上，重视协商民意，充分考虑村民群众的协商利益诉求，避免陷入协商"权力误区"。

其次，切实推进村党组织自身的协商监督建设工作，加强党员队伍建设，推动从严治党向基层延伸，重视党员发展工作，注意在高校毕业生和年轻人中发展新党员，不断优化党员知识和年龄结构，以此优化党员整体结构；创新用人机制，不限户籍公开选聘村后备干部，将更多协商监督意识强、政治强、思维新的年轻人充实到乡村基层后备干部队伍中。

再次，建立村"两委"学习培训制度，规定村"两委"干部定期学习国家法律法规、党章党纪等协商监督知识。注重村干部的个体协商监督理论学习和协商监督业务培训，主要包括国家相关法律法规、农业政策法规、协商治理的相关理论、监督政策等方面的学习，制定理论学习中心组制度规定学习的频率、内容等，创建学习型党组织。定期开展法律知识讲座、法律业务培训、经验交流会、实践参观会等形式多样的学习会，开拓新思路，学习发展新理念，不断总结经验，在强化依法协商监督理论认知的同时提升村党组织依法协商监督的实践能力。

最后，建立上级部门对村干部的监督评价考核机制，将依法协商纳入村"两委"的工作目标和考核指标体系，使之成为考察村干部的常规项目。坚持科学的方法，采用干部述职、民意测验等评价方式，评价结果与村干部职务升迁、薪酬待遇直接挂钩，以激励为主、惩戒为辅，充分调动村干部依法协商监督的积极性和创造性。

（二）培养村民群众依法协商监督的意识

作为法治保障的协商监督机制的核心主体，村民的协商监督意识和有效参与是乡村基层协商监督机制高效运行的根本保障。

首先，培育村民的协商监督意识，协商监督意识与封建的臣民意识是相对立的。培育村民的协商监督意识，必须强化村民的协商主体意识、监督意识和参与意识，变臣服思想为协商监督意识，让村民拥有强烈的协商责任感，把公共利益、集体利益置于个人利益之前，以此增强村民协商权责意识并内化提升其协商监督的主动性。

其次，村"两委"协商主体首先要积极引导村民群众依法开展协商监督活动，要通过各种形式培养村民群众、自治团体等社会团体的协商监督意识，树立起必须在法治的框架和范围内进行协商监督。要通过创办协商监督法治宣传栏、举行协商监督座谈会以及借助电视广播、报纸网络、官方微博、手机微信等大众传媒等方式加大对协商法治监督知识的宣传和普及，培育村民群众的协商监督认知。通过法律专家培训、协商治理监督平台教育等多样化形式来提升村民法律表达和沟通对话的监督能力，从而掌握一定的协商监督技巧与方式。通过各种协商监督知识的学习和宣传教育，使村民群众自身能够正确认识和行使协商监督权利，依法维护其自身的合法协商权益。

最后，必须继续大力发展村集体经济，夯实乡村基层协商监督的物质基础。"人们首先必须吃、喝、住、穿，然后才能从事政治、科学、艺术、宗教等等。"① 只有满足了最基本的物质生活需要，村民才有时间和精力去关心政治生活，才能积极参与到乡村公共事务的协商监督中去。

（三）保障外来务工人员的协商监督权

围绕协商权利建构相应的协商保障和协商救助机制，避免协商监督主体，特别是外来务工人员、体制外的社会团体的协商监督权利被架空，在尊重已经形成的村规民约地方特色协商监督法律法规的基础上，将基层协商制度的法治内核与村规民约"地方性"协商监督进行有效融合，大力宣传协商监督的法治价值取向和协商制度化规则，引导不同层次的协商主体在法治的协商框架内进行协商沟通，在尊重其他协商主体的协商权益的基础上协商个人的诉求和意愿，依法达成协商共识。

在经济发达的珠江三角洲地区的镇村还要解决乡村基层协商监督主体民主权利不足的问题，必须切实重视如何让广大非户籍外来务工人员融入其工作生活所在乡村，逐步成为工作生活所在村新村民的问题。如何建立一套行之有效的村规民约地方性法律法规体系，让外来务工人员有渠道、有机会进入工作生活所在村的行列，成为具有民主权利的新村民是一个需要好好考虑、必须解决的问题。笔者认为，可以参照城市落户政策，以村规民约等具有地方特色的法律法规的形式制定村外来人员积分入户制度，根据外来人员在所在村工作生活的年限来累加积分，逐步有序地让外来人员成为其工作生活所在村的具有民主权利的新村民，享受其工作生活所在村村民的所有权利和福利，以此增强其归属感、保障其民主参与协商监督的权利。这样就可以很好地解决乡村基层协商监督主体广泛性不足的问题。

---

① 《马克思恩格斯选集》第3卷，人民出版社2012年版，第1002页。

同时，要开拓"户在人不在"户籍村民参与协商监督的新渠道，虽然在外面工作生活的本村户籍村民非常少，大概只占户籍总人数的5%，但是也有必要保障这部分人参与乡村基层事务协商监督的权利。可以搭建互联网协商平台，打破协商地域和时空限制，让身处异乡的户籍村民借助微信、QQ、网络视频会议等载体间接参与到乡村基层协商监督运行法治保障机制中来，这也能在一定程度上保障协商主体的监督权利，增强协商监督主体的广泛性。

二 切实完善乡村基层协商监督程序的法治化

完善和遵守协商监督的"程序"，使乡村基层协商主体都能够在统一、公开的程序指导下参与乡村事务的协商监督，使乡村事务的协商更加规范、有序，直至实现协商目的。

（一）设计并完善乡村基层协商监督的法定程序

设计并完善乡村基层协商监督的法定程序，按照中央《关于加强社会主义协商民主建设的意见》中的监督程序要求，细化和完善乡村基层协商监督的法定程序，增强监督程序在实践中的可操作性，充分吸收借鉴一些成熟的、推广效果好的典型乡村基层协商监督程序的案例，并根据不同乡村的实际进行修改和完善，使之变成切实可行的一套协商监督运行程序并写入村规民约进行权威性规范，之后每次协商会议都必须严格按照制定的法定的协商监督程序实行，并同时规定如不按照法定的协商监督程序商议决策的事项，则决策无效。通过细化和完善乡村基层协商监督法定程序来保证各协商监督主体的平等地位，让协商监督主体在监督村务协商决策时感受到协商程序的正义，同时限制与约束村"两委"在村务协商决策中滥用协商权力，侵害其他协商主体的协商权利，以此保障村务协商决策的公开公平。

（二）强化乡村基层协商监督程序的法治化

法治化的协商监督运行程序是乡村事务协商决策合法、公平的重要保障，也直接关系到协商主体的监督权利平等能否得到保障。法定的协商监督程序设计出来只是协商监督的第一步，更为重要的是在乡村事务协商过程中正确地行使法定的监督程序。法定的乡村基层协商监督程序包括监督协商议题选择、监督协商议事会主持人选择两方面。一方面，监督协商议题的选择决定了乡村基层协商监督的质量。乡村基层协商监督的议题必须围绕具有重大社会关切的乡村公共事务和公益事项来确定，与村集体利益、村民切身利益密切相关的议题更能引起村民的共鸣和参与热情。一是确立"自下而上"的议题形成机制，除了传统深入村民中收集和纸质版投递收集议题的方式外，运用互联网、微信等新媒介渠道，及时广泛收集村民群众的议题建议。将从各个渠道上收集来的议题进行及时梳理归纳，对在协商范围内的议题进行重要性排列，亟待解决的乡村发展问题和村民关心的热点问题必须首先提议，使协商议题更接地气，也更能激发村民参与协商监督的积极性与主动性。二是要确保协商议题选取过程透明公开化，避免形式化，对协商议题的选择及选定原因都要及时公布，避免一些应该协商的议题因人为控制因素而被砍掉的情况出现，从而保障村民在协商议题选择中的主动权和监督权。

另一方面，协商议事会主持人的选择是否合理直接影响着整个协商监督运行机制的公正、高效。协商议事会主持人选择标准必须符合以下要求：首先，协商议事会主持人必须是与协商议题无明确利益相关者，以此保证引导参与协商发言人的公正性。其次，协商议事会主持人必须提前熟悉了解协商议题、议事流程以及议事规则等，具备较强的沟通和现场把控能力。最后，协商议事会主持人要善于引导鼓励参与协商的弱势群体代表发言，同时适当阻止无序发言，保证参与协商者的平等发言机会。建立协商议事会主持人选择监督机制对于乡村基层协商监督机制的公平、理性推进有积极作用。

三 建立乡村基层协商监督的法律体系

乡村基层协商监督法律体系的建立，既要注重发挥国家协商法律法规的协商监督的主体作用，又要发挥自治章程、村规民约、习俗礼规等地方特色协商法律的协商监督作用。同时还要发挥地方人大拥有地方立法权的优势，将符合国家协商法律规定原则，但又没有明文规定的、在实践中证明监督有效、可以推广的一些村规民约，经过严格的立法程序上升到地方特色协商法律法规层面，使国家协商法律法规与村规民约等地方特色的协商法相互补充、相互配合，形成国家协商法律法规与地方特色协商法规共同对乡村基层协商监督发挥作用的完备的协商监督法律体系。

（一）健全乡村基层协商监督的专门法律法规

国家顶层设计的基层协商监督的法律法规是乡村基层协商治理法治保障监督机制制度化发展的重要保障。国家层面可以针对乡村基层社会的实际情况制定一份指导乡村基层协商监督的专门性政策法规文件，可以对乡村基层协商监督的机制要素、运行程序、监督反馈机制等作出详细规定，以法律条文对乡村基层协商监督机制进行刚性约束，对全国各地不同乡村基层进行一个宏观的、全面的、统筹的规划，给乡村基层协商治理的发展以正确的方向引领。

乡村基层协商监督的推进要注重同现有的法律法规、规章制度的有机结合。考虑到新法的制定和颁布并非一朝一夕就能完成的，可以先通过完善修订现有的相关法律法规如《村组法》来填补中间的法律空白。比如对其中的相关概念进行明确的界定，明晰村民委员会在乡村基层协商监督运行机制中的职能分工以及村民的权利和义务，明确协商监督的主客体、协商监督程序、协商监督的形式、协商结果的监督等细节问题，使其对各地乡村基层协商监督的实践指导更具适用性和实践操作性，给予乡村基层协商治理切实的法治保障。

（二）强化乡村基层协商监督的可持续法治机制建设

乡村基层协商监督运行机制在实践中普遍存在"人走茶凉"的现象，当前任村干部调离或者卸任后，后继村干部便有可能放弃前任对乡村基层协商监督运行机制实践的继续推动，导致乡村基层协商监督运行机制可持续发展动力不足。为了防止出现这种现象，保障乡村基层协商监督运行机制的持续、稳定运转，必须强化巩固乡村基层协商监督运行机制的可持续法治机制建设。对于广大乡村来说，必须在协商监督实践中深入探索，发掘当前乡村基层协商监督运行机制中的法治优势和存在的问题，取其精华、去其糟粕，探索出最适合本村的协商监督运行机制实践模式，适时将一些行之有效的做法加以定型固化并写进村规民约，让地方经验上升为法律制度体系。严格执行村规民约，对不遵守村规民约的村民要进行批评教育，对严重违反村规民约者还要给予相应的处罚。不回避不退让，要广泛做好宣传与教育工作，坚持不懈地引导教育全体村民严格遵守国家法律法规、村规民约制度，执行法律法规制度，以坚定的决心和恒心，把法律法规制度落实在行动上，以此保障乡村基层协商监督运行机制的稳定运行和可持续发展。

此外，法治保障的协商监督机制的有效运行，需要社会主义协商监督文化的有力支撑。村民法治意识的培育是乡村基层协商监督不断向前发展的协商监督文化基础。因此，要深入开展法制宣传教育，在乡村社会弘扬社会主义协商监督文化，构建乡村基层协商监督平台，提升协商监督主体的监督能力和水平。

文化建设是培养人们协商监督意识的有效途径。在文化建设方面，修葺乡村祠堂、书院弘扬优秀传统文化中所蕴含的协商监督思想；建设协商监督文化活动场所；建立协商监督文化舆论阵地（村报、微信公众号等），是进行协商监督思想教育与法治监督文化熏陶的有效办法。

四 发挥自治章程、村规民约的协商监督功能

人无信不立，国无信则衰。自治章程、村规民约在乡村基层协商监督中有着独特的作用。

首先，确保自治章程、村规民约等"地方"协商监督制度符合国家协商监督法律法规的要求，同时又立足于本地风俗习惯及村情实际，不断完善自治章程、村规民约等"地方"协商监督制度建设。

其次，自治章程、村规民约的协商监督是以一种最节约监督成本和更有效的监督方式落实国家协商监督法律和道德基本要求。因此，要不断强化村民监督意识和监督思维，以国家协商监督法律法规、自治章程、村规民约协商监督为准则，制订信用评价标准、实施办法，对村民是否遵守自治章程、村规民约，日常行为是否符合社会公德要求，是否

维持乡村社会的基本秩序进行评价，对违反自治章程、村规民约的村民进行教育惩戒，坚持监督和法律适用相结合，发挥协商监督的功能，敦促失信村民尽快履行义务、改掉不诚信的坏习惯和行为，使违反自治章程、村规民约的村民主动履行义务，有效发挥道德评议和社会舆论的力量来革除陋习，褒扬真善美，弘扬"守信光荣，失信可耻"的理念，提升广大村民的监督观念、监督意识、契约精神和水平，促进文明和谐社会风尚的形成。

最后，村民对自治章程、村规民约的遵守有利于村民规则和协商监督意识的培养。因此，动员村民群众参与自治章程、村规民约等"地方协商监督制度"的制定，依"地方协商监督制度"监督、规范村干部群众的协商行为，逐步使乡村事务都能按照国家协商法律、法规和地方协商制度协商治理。

第八章
一个案例：X县的协商治理实践

自提出乡村振兴战略以来，作为社会基层重要议题的乡村人居环境治理，既是乡村振兴和生态环境建设的重要一环，也是实现公共服务均等化的关键一步。随着我国乡村社会的发展，社会实际需求的多样化、治理主体的多元化开始对过往由政府主导的单一治理模式产生影响。如何使多元主体在乡村人居环境协商治理过程中各尽其职，共同建立"共建共治共享"的乡村人居环境治理体系，得到越来越多的关注与研究。X县拥有悠久的历史文化和人文积淀，也有独特的地理位置和自然环境，对X县的乡村基层协商治理工作展开研究和分析，对于广东乃至全国其他乡镇具有一定的参考意义。

第一节　X县协商治理的基本情况

我国乡村人居环境治理从早期探索、初步形成、加速发展到深入完善，基本经历了四个阶段。新时代以来，由城乡二元经济和社会结构以及历史因素而长期被忽视的乡村人居环境问题，得到一定程度的解决，在乡村人居环境提升、农民生活条件改善等方面取得长足的进步，X县通过贯彻落实"三清三拆三整治"行动方案，其人居环境治理取得了一定的成效。

一　X县概况

X县地处广东省中部偏西，毗邻珠江三角洲，处于广佛肇经济圈和珠江经济圈的交会地带,紧贴粤港澳大湾区,公路、铁路齐全且处于珠三角"一小时经济圈"内,交通便利,距海近,海洋资源和旅游资源均很丰富。X县属亚热带季风性气候,雨热同期,气候温和,为其乡村产业的发展提供了得天独厚的资源。X县现辖12个镇,199个村(社区)委员会,经过历届乡镇党委政府的共同努力,在诸多方面都取得了较好的发展,先后在厨具制造、果品加工方面收获诸多美誉,在全国2000多个县域经济单元中,其经济竞争力排前300位,入选年度"广东旅游综合竞争力十强县(市)"。

2018年国家出台《农村人居环境整治三年行动方案》,广东出台《关于全域推进广东农村人居环境整治建设生态宜居美丽乡村的实施方案》,规划了"千村示范、万村整治"工程,并率先提出"三清三拆三整治"行动方案。X县积极响应号召,出台了《X县厕所革命新三年行动计划(2018—2020)》等文件,具体细化了任务目标和督查考核措施,把环境治理工作作为乡村振兴的关键一环,全力推进乡村人居环境整治,对县内乡村人居环境的治理与建设工作提出了更高的要求和目标。通过落实"三清三拆三整治"行动方案,X县目前已有128个示范村(包括5个精品村、15个省定贫困村和108个自选示范村)达到干净整洁村标准,两条精品线路取得重大进展,村容村貌明显改观;实现3500人相对贫困人口年度脱贫任务;全县森林覆盖率达到72.04%。随着乡村振兴战略的不断推进,依托良好的乡村资源、生态资源和文化资源,X县旅游业对当地农业和服务业起到了带动作用,其知名度、美誉度以及影响力都呈现逐年攀升状态。X县的不锈钢产业、肉鸡养殖业和果品加工业常年处于全国领先位置,可以说已经具备了一定的振兴能力和振兴基础。

X县毫不动摇地坚持和加强党对"三农"工作的领导,牢固树立新发展理念,落实高质量发展的要求,统筹推进"五位一体"总体布局和协调推进"四个全面"战略布局,积极强化农村基层党组织的领导核心地位,坚持农业农村优先发展,按照产业兴旺、生态宜居、乡风文明、治理有效、生活富裕的总要求,建立健全城乡融合发展体制机制和政策体系，统筹推动乡村产业振兴、人才振兴、文化振兴、生态振兴、组织振兴，努力在实施乡村振兴战略中走在全省前列，为加快全县农业农村现代化，实现"两个一百年"奋斗目标奠定坚实基础，认真贯彻落实相关部署，从村容村貌整治、村道巷道硬底化、生活垃圾处理、生活污水处理等多方面着力实现生态宜居，把人民对美好生活的向往作为奋斗目标，稳扎稳打、有序全面地实施乡村振兴战略。与此同时，X县乡村人居环境治理等协商主体各司其职，共同参与到人居环境的治理与建设中，这样的实践使得X县整体面貌焕然一新，其乡村人居环境治理取得了初步成效。

二　X县人居环境协商治理的形式

（一）党建积极引领

首先，X县坚持农业农村优先发展，在干部配备上予以优先考虑，在要素配置上予以优先满足，在资金投入上予以优先保障，在公共服务上予以优先安排，在乡村人居环境治理中运用人才"反哺"与精准引进双管齐下，着力打造一支强大的乡村振兴人才队伍。2017年以来，X县大力开展头雁提质工程，为乡镇干部按月制定涵盖个人自学、集中学习、专题培训、外出考察、能力锻炼五项内容的培训计划，让他们通过实地参观考察学习，借鉴经验，取长补短。另外，每周开展"主题党日+乡村振兴"党员志愿活动，让党员通过参加志愿活动身体力行，亲身参与到"三清三拆三整治"工作中，为建设生态宜居美丽乡村贡献力量。

其次，X县坚持绿色发展引领乡村振兴，牢固树立和践行"绿水青山就是金山银山"的理念，坚持规划先行、分类施策、典型引路，做到因地制宜进行生态保护和修复，制定相关规章制度，全面落实"水十条""土十条""新十条"等措施，严格工业和城市污染物治理达标排放，加快划定生态红线，有效完善奖惩制度，大力推进污染治理攻坚战。在污水处理方面，开展了"抓源头、治中间、清末端"的行动，通过了规划设计、部门审批，最终进入施工阶段。委托第三方机构定期监测水质，为科学控制污染提供正确依据，探索推广污水微动力人工生态处理系统。聘请专业公司清理河段内的睡莲等垃圾，设立水环境保护警示牌，发放整治手册。

同时，X县坚持鼓励多方投入，激励政府、企业、社会和村民等多方投入参与乡村振兴。2021年基本消除村庄黑臭水体，到2025年将实现村庄生活污水处理全覆盖。在生活垃圾处理方面，X县通过"村收集、镇转运、县处理"的模式，实现村庄24小时保洁制，提升乡村生活污水处理设施覆盖率，农村生活垃圾、生活污水、坑塘沟渠和禽畜养殖污染得到全面有效治理，乡村绿化环境和景观风貌全面提升，为建成生态宜居、环境优美的现代田园乡村而不断努力。按照三年取得重大进展、五年见到显著成效、十年实现根本改变的要求，全面实施乡村振兴战略，为2035年乡村振兴取得决定性进展、2050年实现全面振兴奠定坚实基础。

在加快科技创新成果转化方面，X县积极围绕低碳生态农业、农产品质量安全、信息技术等重点领域，强化产学研合作，实施农业生物技术、农产品质量安全与标准化技术、农业新品种引进选育与推广等农业科技专项，注重技术集成创新和配套完善。加强与省内各农业科技成果转化平台对接，加强农业技术人才队伍建设，注重农业技术人员知识更新培训。全力推动先进技术入户落地，加快科技成果转化，2022年X县农业良种良法覆盖率达到99%以上，农业科技贡献率达到68%。

在强化乡村资源保护和节约利用资源的意识方面，X县加强改革农业传统的灌溉方式，大力发展节水型农业，推广滴灌、渗灌等先进技术，提高作物水分效率和水资源利用率。建立合理水价形成机制和节水激励机制，提高农民有偿用水意识和节水积极性。适当控制养殖规模，防止过度养殖造成生物链破坏和水污染。继续打造名特优新产品基地，逐步推进有机、绿色、无公害农业。利用生物技术提高畜禽粪便利用率。研究推广秸秆还田技术，提高土壤有机质含量。实施农业秸秆回收利用工程，沼气、天然气、太阳能、风能、生物质能等清洁可再生能源建设工程，改善农村能源结构。

（二）村民积极参与

X 县有村务公开、协商治理的传统。X 县坚持以解决群众实际问题为导向的治理理念，使村民对相关情况有着深入的了解。在环境整治过程中，X 县注重提升广大村民的科学文化素质，促进了对乡村人居环境治理的理解，使得村民比较愿意参与到治理当中。例如，村民积极配合乡镇政府对生活污水和生活垃圾处理的相关要求和规定，通过节水、循环利用等措施减少其自身污水排放；响应垃圾分类号召，做好"门前三包"，配合保洁运输公司，在乡村创造一个干净整洁的环境。

X 县积极推进农业社会化服务体系，构建县镇村农业社会化服务中心（站），加强植物病虫害、动物疫病防控体系建设和气象为农服务体系建设。同时，培育新型经营主体和扶持小农户，探索实行土地入股、土地流转、联耕联种等多种经营方式，发展多种形式适度规模经营。支持合作社辐射带动小农户应用先进品种技术，推动龙头企业等与合作社、小农户建立紧密利益联结关系，提高小农户组织化程度，提升小农户抗风险能力。因此，在环保达标的前提下，X 县积极探索养殖小区建设，促进饲养技术落后、防疫制度不健全的分散养殖经营模式向现代化规模养殖场转化，推动畜禽养殖转型升级，使得村民可以成为与企业合作的"家庭农场"的农户，在保证农产品产量和种植、养殖质量达标的同时，基本可以做到粪便、粪渣及污水的综合利用和恰当处理。

（三）企业积极配合

X 县是全国最大的肉鸡养殖基地及果品加工基地，其中 W 集团是当地著名的农业和养殖业龙头企业。X 县大力支持农业龙头企业等经营主体发展保鲜、储藏、包装等初加工设施，推动初加工、精细加工和深度综合利用加工三者的协调发展，加快县内特色农产品粗加工和精加工双产能向园区聚集发展，建设一批值得信赖的农产品加工示范基地、农产品出口示范基地和出口农产品质量安全示范区，创建一批产值 5 亿元的特色农产品加工产业园区，进而形成产业集群。2020年，全县发展县级以上加工型农业龙头企业30个以上，农业加工、值达到50亿元以上。在此基础上，X县进一步完善龙头企业、专业合作社、家庭农场和农户之间的产业化模式，充分发挥农业主体的发展优势。企业因此获得较为良好的发展。

此外，X县的农业龙头企业立足X县固有的资源优势，围绕农业现代化发展的基本要求，加大对行业新品种、新科技的引进、创新、示范及推广的力度，增强高水平、高质量技术的支撑作用，实现农业科技突破。同时，围绕传统特色产业的转型升级和可持续发展，X县积极引进、消化、吸收具有高技术含量、高效益的农业新技术、新设施、新装备，着重在转化、示范、推广上下功夫。强化农业技术队伍建设和服务体系建设，充分发挥主力军的作用。在此基础上，继续积极推广节约型农业和清洁化生产技术，促进农业生产节能降耗、减排增效，提高生态循环农业发展水平。X县还适当提高了农业科研院所和农业技术推广组织的创新能力，造就了一批农业学科带头人和科研骨干。充分发挥专业合作组织、广大农民群众应用农业科技成果的积极性，在各主体共同参与、共同努力与作用下，在新时代面对新机遇和新挑战，X县正迈向一条自身特色的乡村人居环境协商治理之路。

三 X县人居环境协商治理的主要措施

X县抓住实施乡村振兴战略的机遇，采取全面改善乡村人居环境治理措施，切实提高乡村人居环境质量。自开展乡村人居环境整治行动以来，坚持以乡村振兴战略为指导，通过开展村容村貌整改、乡村水污染治理、乡村旱厕改造、乡风文明创建等各方面工作，做到准确聚焦X县各乡镇人居环境改善的阶段性任务，科学把握治理的节奏力度，推进乡村振兴，为打造"生态宜居环境美、兴业富民生活美、文明和谐乡风美"的乡村家园而努力。表8.1是笔者在X县调研所获得并整理出的X县开展"三清三拆三整治"行动取得的一些成效。

表 8.1 自 2017 年以来 X 县开展"三清三拆三整治"工作的一些成效和相关措施

分类	三清			三拆		三整治		
	清理村庄巷道及生产工具、建筑材料乱堆乱放	清理房前屋后和村庄巷道杂草、杂物、积存垃圾	清理沟渠、池塘、溪河的淤泥、漂浮物和障碍物	拆除危旧房屋、废弃猪牛栏及露天厕所和茅房	拆除乱搭乱建及违章建筑	拆除非法违规商业广告、招牌	整治日常垃圾,落实"门前三包"责任制,建立保洁队伍,健全村庄卫生 24 小时保洁机制	整治污水,建设污水处理设施,重点推进农户改厕,实行雨污分流,污水排放暗渠化	整治畜禽污染,建设栅栏圈舍,以实现人畜分离、家禽集中圈养
清理数	10476	10872	2028	应拆除 12754 间,已拆除 11412 间	816	684			
清理量	3962.4	3840	14100	已拆除的面积为 64540.17 平方米	拆除面积 25392 平方米	拆除面积 2100 平方米	整治生活垃圾、生活污水、水体污染 984 宗;已铺设暗渠管道 202.4 公里,已铺设雨污分离管网 220200 米;已建污水处理设施 100 余座,计 7300 立方米		

（一）村庄 24 小时保洁

X 县从村容村貌到生态宜居，反映了农村生态文明建设质的成果，体现了广大农民群众对建设美丽家园的发展思路，认真做好县内乡村人居环境的治理工作，积极践行"上门收垃圾，垃圾不落地"的原则，将生态环境质量只能更好，不能变坏作为底线，基本实现了"户收集、村集中、镇转运、县处理"的日常生活垃圾收运及处理模式。通过对村民房前屋后的杂物、杂草、生活垃圾、乱堆放的生产工具、废弃建筑材料以及河道内的漂浮物和障碍物进行定时、定量清理和清运，实现了各镇生活垃圾可以做到日清运，切实改善了县内乡村人居环境，提升了村民在村内进行各种文体活动的安全系数，方便了村民的日常出行。

与此同时，通过"三清理"工作，X 县也基本实现了村民房前屋后物品堆放整齐且无垃圾环绕。通过对县内的生活垃圾处理基础设施进行升级改造工作，X 县基本实现了乡村生活垃圾无害化处理和有效循环利用，并通过对制度监管体系和法治建设的强化，依靠制度和法治的力量保护生态环境，进一步解决县内乡村人居环境体制不健全、制度不严格、法治不严密、执行不到位、惩处不得力的突出问题，用加快制度创新，增加制度供给，完善制度配套，强化制度执行进一步保障了县内村庄 24 小时保洁制度平稳运行，对 X 县的乡村人居环境治理工作起到良好的促进和推动作用。

（二）人畜分离与厕所普及

人畜混居一直是我国乡村一个较为普遍的现象，即村民在房屋的第二层居住，猪牛等牲畜则圈养在房屋的地下一层，上下楼之间由坚硬材质的楼梯连接并互通的一种乡村居住方式。人畜混居容易引起人类与畜禽之间自然传播疾病，简称人畜共患，一直以来都极大地危害着村民的身体健康。X 县通过逐户走访调查，结合实际情况，拆除危旧房屋、废弃的圈养牲畜的栅栏以及乱搭乱建乱起的违规建筑等，分类、分批次、有秩序地把从前在各家各户圈养的牲畜"赶出圈"，并将之搬迁至新搭建的养殖场，彻底改善了人畜混居的现象，解决了原来牲畜粪便成堆、环境卫生不容乐观的问题，大大降低了居民及牲畜疾病发生和交叉感染的概率，实现了村内人畜分离的人居环境新面貌。人畜分离居住方式的实现，大大推进了 X 县乡村人居环境治理工作的不断向前发展，也证明了"三清三拆三整治"取得了良好的成效，是一种值得借鉴和可作为典型的优秀乡村人居环境治理方案。

与此同时，实现乡村卫生厕所其实一直是乡村环境问题的一大隐患和棘手的难题，X 县在乡村人居环境的整治过程中认真贯彻落实生态环境问题归根结底是发展方式和生活方式问题这一理念，在"三拆除"工作中对露天厕所、茅厕等进行拆除、清理和重建，推进 X 县的"厕所革命"走向胜利，从改变发展方式和村民的生活方式起步，取得了让本就充满卫生隐患的乡村公厕时刻保持干净美观的良好成效，大大降低了村民出行如厕的安全隐患，使得乡村公厕不再恶臭熏天、令人生厌，而是变成 X 县乡村人居环境治理成效的一道别样靓丽的"风景线"。

（三）污水排放有效化

X 县把解决突出生态环境问题作为民生优先领域，积极贯彻落实加快形成绿色发展方式，是解决污染问题的根本之策。只有从源头上使污染物排放量大幅度降下来，生态环境质量才能明显好上去，通过建设污水处理设施、实行雨污分流、对污水排放管道进行覆盖式铺设以及明确规定限时限量排放生活污水地点等措施，切实改善了县内作为乡村人居环境整治突出短板的生活污水处置问题。农村环境直接影响着米袋子、菜篮子、水缸子，X 县对于污水处理的源头式防治和对污水处理过程的整改，是从源头处有效提升县内水体质量及乡村土壤的肥沃程度的良好举措，提升了县内村民的用水安全系数，大大降低了由于饮用水或灌溉用水而引发的居民身体健康问题。

与此同时，在乡村人居环境的治理过程中，X 县进一步完善了监督管理体系，坚决做到对破坏生态环境的行为不手软，绝没有下不为例。下大气力抓住破坏生态环境的反面典型，释放出严加惩处的强烈信号。X 县执法必严的态度和工作方式，取得了良好的成效，大大减少了村镇小作坊、畜禽养殖污水违规排放情况的发生频次，通过让村内水流更清澈、土壤更肥沃、空气更洁净、天空更湛蓝让村民对他们自己所居住的村庄更加有亲切感。

四 X县人居环境协商治理的特点

(一) 注重党建引领

X县非常注重党建引领相关工作的落实,在县、镇、村三级分别落实建立"双考一评""联帮带"帮扶等机制,并按计划实施基层党组织"头雁工程"、支部达标创优工程和基层基础保障强化工程,扎实推进以党建引领乡村振兴、以党建促进乡村振兴。X县一直把县内乡村人居环境的治理工作当成一项政治任务来抓,坚持乡村基层党组织的领导核心地位,突出各村党委的政治功能,通过选派一批驻村"第一书记"、选任一批党建指导员、培养一批村级后备干部等方式,统筹推动、整体优化提升村级党组织带头人队伍建设,对领导班子的任用提出更高的要求,不断夯实提升党委对乡村人居环境治理的组织力。在创新组织生活环节方面,X县积极推进线上线下相融合的组织生活模式,推行线上"智慧党建"与线下组织生活紧密结合的模式,除定时举行"三会一课"外,X县还积极鼓励党员同志在周末和节假日加入"三清三拆三整治"行动中,用实际行动带动村民参与乡村人居环境的治理工作,做好党员表率和党建引领的相关工作,推动县内治理工作平稳运行。

(二) 突出典型示范

X县非常注重对于已经形成的优秀典型的宣传、学习、示范工作。一个好的典型就像一面迎风飘扬的旗帜,随时指引着人们朝正确的方向前行。正如人的一生需要信仰来支撑和驱动,乡村社会则需要正能量的精神来指路和引航,比如在"三清理"过程中,在对河道淤泥、漂浮物等进行清理后,设立禁止投放垃圾杂物到河道内的标语、标识,放置指示牌,并派发宣传单,树立了"可持续治理"的乡村人居环境治理典型,并做到积极宣传和随时加强对"可持续发展""绿色治理"等正能量的传播与学习。这种注重对优秀典型的学习和宣传,也是对正能量的一种传播。与此同时,X县对于优秀典型的注重,不仅有利于让政府、企业、村民都参与到乡村人居环境的治理中,最终形成一个统筹兼顾、整体施策、多措并举，全方位、全地域、全过程开展生态文明建设的完整体系，有利于让人民群众做到像保护眼睛一样保护生态环境，像对待生命一样对待生态环境，并燃起村民心中对乡村人居环境治理与建设的热情。

在具体实施乡村人居环境治理的过程中，X县积极贯彻落实党中央关于实施乡村振兴战略的指示精神，积极响应省委省政府对于乡村人居环境治理的相关政策要求，稳步推进"三清三拆三整治"行动方案，为我国其他乡镇树立了重要的典型。同时，X县在乡村人居环境的治理过程中，会特别注重与之相关的宣传活动和宣传方式的实效性，通过开展进村入户宣传教育活动、开设有针对性的宣讲会、举办相关特色竞赛活动等形式，积极引导村民养成良好的卫生习惯和治理观念。在"三拆除"行动中，对露天厕所、茅房等进行拆除后，X县迅速组织并建造起一座座外观得体又简洁实用的公共厕所，在给村民出行带来极大方便和愉悦感的同时，起到了充分的示范作用，引领县内的"厕所革命"走向最后的成功。

X县在乡村人居环境的治理与建设工作中取得了积极成效，解决了农村环境已成为民心之痛、民生之患，严重影响人民群众生产生活环境的难题，这离不开其践行榜样行为的示范引领作用，可以说，对于优秀成效和成果进行有效的示范和恰当的引领，是X县乡村人居环境治理与建设之路越走越远、越走越好的一个重要因素。

（三）做到及时总结

秉持环境治理是系统工程的理念，X县综合运用行政、市场、法治、科技等多种手段，认为只有及时总结成功的经验和反思失败的教训，才能够迅速地把获得的经验运用于实践中。因此，在乡村人居环境的治理实践中，X县取得治理阶段性成果的关键在真抓，靠的是严管。X县政府认为，典型、榜样的引领作用绝不应该仅仅止于宣传媒体报道及各类活动的"昙花一现"，更应该对其进行不断的深挖和利用，而深挖的过程离不开及时地对问题或成效进行总结、反思，并制定出新的应对措施。

X县在其人居环境治理的过程中，正是在注重典型、示范引领的基础上，做到及时总结经验和教训，并快速制定出新的应对方案并付诸实践，以点带面、点面结合，比如从"厕所革命""三清三拆三整治""可持续治理"等详细的点，到乡村人居环境治理这条由点连成的长线，再到关乎人类福祉的生态文明建设这个宽泛的平面，脚踏实地、一步一个脚印地做好带动和结合工作，从而推动乡村人居环境治理工作健康有序进行，并形成了它自己行之有效的一套乡村人居环境治理模式。

第二节　X县人居环境协商治理中存在的问题及成因分析

自党的十九大提出乡村振兴战略以来，在政府、村民和企业的共同努力下，乡村人居环境的协商治理工作在X县稳步推进，积极响应广东省率先提出的"三清三拆三整治"行动方案，并按规划逐一落实相关工作，取得了积极成效。由此，X县各乡镇的人居环境面貌得到了初步改善。但是，多元主体在乡村人居环境协商治理的各环节中，仍然存在一些问题：政策宣传工作与村民认同感培养的衔接问题；环境治理政策与企业发展的协调问题；企业注重成本效益原则与村民的小农思想的协调问题。从这些问题中可以看出，乡村人居环境治理在多元主体间展开协商仍然有进步和提升的空间。

一　存在的问题

（一）政策宣传与村民认同感的衔接问题

一方面，在宣传工作进行的过程中往往会出现两个问题。一是地方党委的宣传工作不到位或宣传"强度"不合适，使得村民对宣传广告和宣传工作感到厌烦，甚至懒得搭理；还存在宣传工作覆盖度不够，宣传结束后才发现有些村民因为主观或客观的原因而根本没能看见宣传标语或口号，甚至根本不知道有这件事，使得部分村民的知情权在某些情形下没有得到应有的保障。他们了解资讯的需求在没有得到满足的情况下，对于治理措施与政策的认同感则更是无从谈起了。这就需要政府掌握宣传工作的"强度"和"覆盖度"之间的平衡问题。二是村民的文化水平普遍不高，如果不提升宣传工作的有效性，很难真正地走进村民的内心世界，也就很难让他们在内心产生深刻的认同感。在落实一项政策措施时，乡镇党委需要乡镇居民的协助与支持，需要通过解决宣传方式和村民的认同感之间的衔接问题，从而实现宣传工作的有效性，进一步推动政策措施的落实，这显得尤为重要。

另一方面就是作为乡村人居环境治理主体之一的村民参与治理积极性的缺失问题。在实地调研走访的过程中，可以明显看到村民在乡村人居环境治理过程中的主体地位意识和主体责任意识是十分缺乏的，认为乡村人居环境的治理主体仅仅是乡镇政府的村民人数占比高达62%，仅有不到10%的村民认为他们自己也需要承担相应的主体责任（如图8.1所示）。村民文化程度普遍不高，而且普遍存在人居环境治理意识薄弱，缺乏对他们自己作为治理主体的必要认识，他们有时并未意识到他们自己对于环境的整治承担着主体责任。其实，乡村党委更应该通过有效的宣传方式，让村民可以更好地明确他们自己在乡村人居环境治理过程中的主体地位，让他们对乡村人居环境治理的主要内容、工作方式以及具体落实的方案和措施加以必要的了解和关注，并提供相应的渠道给予他们提出其自己想法的空间和自由，只有这样才能更有效地促进治理体系的日渐完善。

不难看出，政府主导的治理方式和做法已经不能满足乡村实际生活中日渐多元化的需求，所以也很难再继续适用于迈入新时代的我国乡村人居环境治理工作。在乡村人居环境的协商治理工作中，我们不应该让政府继续扮演多重角色去承担过度的责任，甚至是越俎代庖，否则会更加不利于多元主体间协商效应产生。而村民的主体意识和参与积极性的缺失问题实际上间接导致了这种不利影响的发生。因此，如何防止由于政府"单一式"主导、村民"无意识"观望而未能做到共商共建共享的

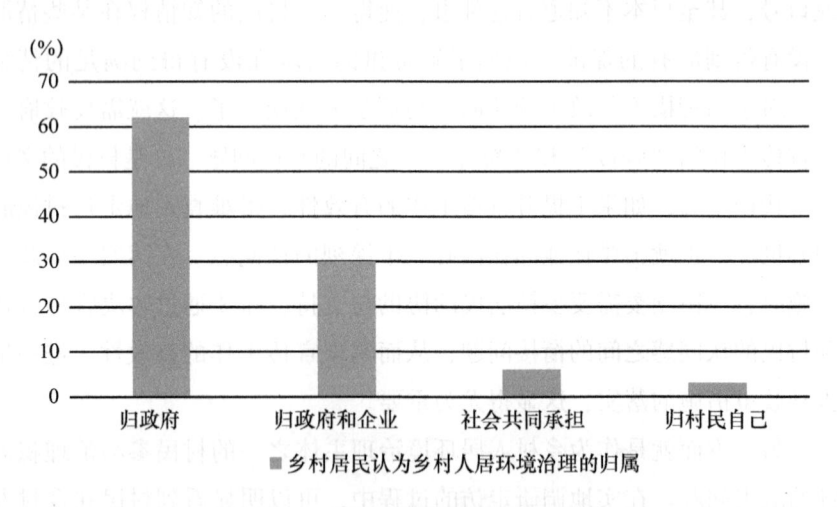

图 8.1 村民的治理主体意识示意

情况发生值得我们思考。

(二) 村民小农思想与企业成本效益的协调问题

X县凭借坐拥一家以畜禽养殖为主业的全国五百强食品企业，大力发展"企业+农户"的运营模式，在帮助农民增收、改善村民生活水平等方面取得较好成效。但是城乡二元化现象在广东仍普遍存在，年轻人更倾向于到城市中寻找更好的就业机会，或者更愿意到大城市求学，因此乡村中的年轻劳动力呈现出不断向城市流出的情况，留在村内的普遍是老人和小孩，他们基本都有"只要自己生活方便，自己的生活质量也会随之过得去"的想法，所以对人居环境的改善没有一个基本的概念和较为清晰的认识。而且作为农户的他们，在面对事情时更喜欢用小农的思想去思考问题，那么企业与农户之间就会因为关注的重点与做事的原则有着本质性的区别而在长期合作的过程中难免会出现误解与矛盾，随之产生不协调局面。

近年来，市场竞争不断加剧，乡镇企业为提升竞争力，注重成本效益原则，在规划扩大其企业规模时，往往以最低的投入获得更多的产出，将如何用最低的成本去实现最大化的利益和效益作为考虑的出发点，这也是企业赖以生存和可持续发展的重要法则之一。而村民的文化水平普遍不高,也受千百年来小农思想的影响,面对乡村人居环境协商治理这样的新鲜事物,缺乏参与到其中的积极性和勇于尝试的主动性。他们在考虑问题时,往往会更多地优先考虑与其自身利益相关的问题,比如道路是否会修到自己的家门口、有没有征用补偿等。不难发现,这就使得企业和村民之间在思想上存在了一些"矛盾",因此,在人居环境治理中企业和村民都应秉持"共赢共享"的理念,加强协调,化解"矛盾",实现良好融合,共同为乡村人居环境治理提出建议、贡献力量,对乡村人居环境的治理和乡村基层协商治理产生积极的影响,并起到很好的借鉴和启示作用。

(三) 企业发展与环境治理政策的矛盾问题

总部设在X县的W集团食品股份有限公司,是国内一家以畜禽养殖为主业的龙头企业,是配备现代化养殖技术和高科技人才的跨地区经营的农牧企业集团,可以说它的发展对于X县的经济社会产生着非常重要的影响。但由于政府贯彻绿色、可持续发展的理念,需要制定环境保护和治理的相关政策,在某些情况下,这些政策和措施难免会和企业的发展战略产生一定的不协调,企业有时会因前行的脚步被"绊倒"而诉苦,而政府在制定政策和落实措施的同时也有它自己的许多不得已的苦衷。乡村要振兴,治理有效是基础,产业兴旺是重点,生态宜居是关键。那么,如何才能实现乡村振兴、治理有效、产业兴旺、生态宜居的同向而行、共同发展呢?

首先,政府需要思考治理措施的制定和落实怎样才可以在稳步推进的同时尽量不影响到企业正常的运转和发展。其次是资金投入不足的问题,我国乡村人居环境治理工程是一个庞大的系统性工程,需要支出的费用较多、金额较大,各级财政部门每年下拨的工作经费是有限的,面对基础设施建设相对薄弱,村与村之间分散布局等问题,乡镇政府应该如何应对?而地方企业在完成产业升级、实现规模扩大后,应该如何与地方政府一同缓解治理经费吃力问题,缓解乡镇政府的压力从而更好地进行"反哺"?这些问题的解决都需要政府与企业加强协调,共同为实现生态宜居而不断努力。

二 成因分析

(一) 政策宣传与村民接受程度的不平衡

当前,X县政府把更多的时间和精力放在如何把宣传栏做得干净整洁、漂亮得体、一目了然上,却忽略了村民的普遍接受能力与接受程度、宣传栏应该摆放的位置等,即忽略了它自己宣传工作"强度"和"覆盖度"之间平衡的掌握问题。村民的文化水平普遍不高,在调研的过程中我们发现,在村民中拥有大学本科以上学历的人数只占2%(如图8.2所示)。面对村民文化程度较低的事实,政府需要加大政策的宣传力度以及增强村民协商的意识,只有当人们发自内心地认同和认可一件事,才会在任何情况下都愿意为这件事更好地做下去作出他们自己的贡献。

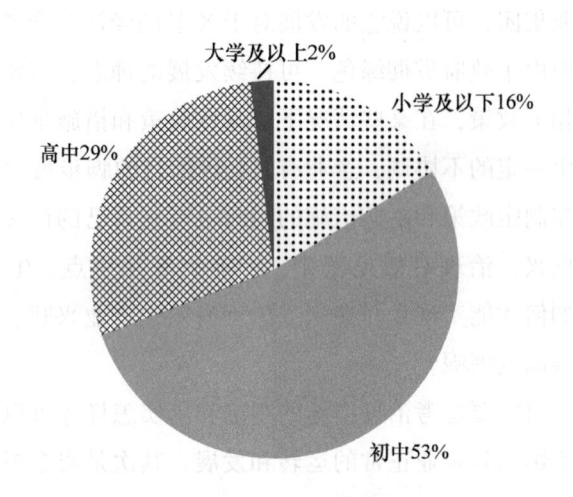

图 8.2　X县村民文化程度人数统计

内心的不认同则会引发另一个问题,即作为治理主体之一的村民在乡村人居环境治理的过程中参与治理积极性的缺失问题,因为其内心缺少认可,所以对于该事件也缺少参与的积极性。与此同时,村民的年龄分布具有其自己的特点,普遍的特点是老年人和小孩子居多,所以乡镇政府在面对不同的人群时,应选择恰当的宣传方式,运用合适的工作方法，根据实际情况做到因人而异、因事而异，分析清楚不同情况再进行对症下药，乡村人居环境的治理工作才可以有事半功倍的效果。

（二）村民与企业关注点不一致

村民文化水平普遍不高，所以在乡村人居环境治理的过程中，往往会受到传统文化和历史因素的影响，即受小农思想的影响较大，对于协商治理这样的新鲜事物缺乏积极性和主动性。积极性的缺乏主要表现在三个方面。一是村民对人居环境的内容不关注；二是受到知识水平的限制，他们不知道关注什么才是正确的；三是他们也不知道怎么去关注。简而言之，就是不能做到快速适应。与此同时，他们在考虑问题时，也会更多地关注关乎他们自身利益的事。而 W 企业则更多地关注市场竞争力和企业的发展问题，而忽视企业发展中对于当地的环境污染问题，这就使得企业和村民在思想上存在"矛盾"，因此，在人居环境治理中如何让企业和村民都秉持"共赢共享"的理念，加强协调，化解"矛盾"，做到良好融合的问题都值得我们思考。

（三）企业运营与可持续发展理念不协调

乡镇政府在关于乡村人居环境治理政策的制定与落实过程中，有时候会与企业和社会组织的发展规划产生一定的不协调，但是，如果双方都不给予适当的理解，又没有更好的解决方式的话，那么矛盾就会随之而产生，随着时间的推移，有可能日渐加深，这并不利于多元主体间对于乡村人居环境治理展开协商。在乡村人居环境治理的过程中，政府和企业之间所有的问题最终都指向一个大方向，就是"守护行为者"如何以产业兴旺助推"引领行为者"做到治理有效，并最终实现乡村的可持续高质量发展和生态宜居。政府有其自己关于可持续发展的理念需要坚持，而企业及社会组织也有其自己的运营战略需要执行，因此化解了这对主要矛盾，这两大治理主体间的不协调就会大大减少。

第三节 建构"联动互助共赢"的协商治理

乡村人居环境治理就是在治理活动中,作为重要的引领行为者的基层党建,与社会中各多元行为主体,通过形成一定的合作关系,依法、民主、科学地对乡村人居环境事务进行规范和管理,最终实现公共利益最大化的过程。乡村人居环境治理属于我国生态文明建设的范畴,是人类在改造自然和造福其自身的过程中为实现人与自然之间的和谐所作的全部努力和所取得的全部成就,生态文明建设是关系中华民族永续发展的千年大计,也是人民群众共同参与共同建设共同享有的事业。所以,在乡村人居环境的治理过程中发现新问题,并为解决新问题提供新思路,提出新对策,是增强我国乡村人居环境治理能力,改善我国乡村人居环境质量,建功我国生态文明建设的重要举措和必然要求。

通过对 X 县的实地调研,笔者对 X 县在乡村人居环境治理方面存在的问题进行了列举,并对造成这些问题的原因进行了分析,将党委、村民和企业分别作为"引领行为者""参与行为者"和"守护行为者",在乡村人居环境治理过程中,不仅应该形成"三方管理"和"三方监督"的关系,而且更应该形成的是联动共治、互助共建、共赢共享,强调形成公共利益村民参与、协商主体共建共治共享的新关系和新格局。

一 完善党委引领能力

(一) 改进宣传工作方式

乡村人居环境的治理与建设工作是社会成员共同的责任与义务,在协商治理的过程中各治理主体应当认识到他们的主体地位,意识到他们自己的主体责任,并承担他们的主体义务。村民是乡村人居环境治理与建设过程中非常重要和关键的参与者,是促进乡村社会发展的关键力量。在乡村人居环境多元主体协商治理的过程中,引导村民了解环境保护的重要意义,增强他们的治理主体意识对于改善乡村人居环境,创建美丽宜居乡村具有重要的促进作用。由于城乡二元化所导致的乡村年轻劳动力外流，村中农户大多是老人和小孩的情况普遍存在，因此政府在归还部分权力给村民、交还治理主体的责任给村民的时候，应该注意改善宣传工作的方式和方法，比如在农闲时开展"乡村人居环境日"的宣传活动，聘请专业的宣讲团进行"讲学做"相结合的示范教学，并要求每家每户必须派出代表参加，在宣讲过后再设置"有问必答"的交流互动环节，把推广的作用尽可能发挥到最大。除了适时、定时举办宣讲活动外，政府应该定期派专人对村庄的每家每户进行走访，并派发印有乡村人居环境治理相关内容的宣传读物，对于年纪较大或者文化程度不足以自己阅读的群体，应该为他们进行必要的讲解或解读。对于生活垃圾分类处理等知识，要适当对他们进行相应的示范教学，并耐心地答疑解惑。从而最大化地提升村民的环境保护意识，并让他们认识到他们自己的治理主体地位。

与此同时，新生事物的发展需要有相关法律法规的支持和支撑，才能更好地做到和实现它的可持续发展。所以关于乡村人居环境多元主体协商治理宣传工作有效性的实现，以及村民的环境保护意识的切实提升，都有赖于相关法律法规的制定与落实。想要相关法律法规起到"保驾护航"的作用，就要对其作出具体且详细的细化，从而更好地做到全面覆盖。除了设立专门的法律法规外，还要进一步加强对村务监督委员会的管理和建设工作，使监督制约机制得到健全和完善也同样重要。监督制约机制的建立健全，有利于激发村民主动参与治理活动的积极性。与此同时，责任追究制度的建立，有助于提醒村民自觉注意提升其环境保护意识，从自己的自身做起，注意他们自己的日常行为。村民环境保护意识的提升，有利于他们更快认识、更好地理解以及更容易地接受乡村人居环境多元主体协商治理的新理念，树立正确的乡村人居环境治理观念，为营造生态宜居的和美乡村作出贡献。

最后，X县政府在乡村人居环境治理的宣传工作中，必须按照城乡融合、多规合一、多方参与的基本原则，坚持做到规划引领。根据实际情况编制乡村人居环境整治的宣传规划或方案，确保一张蓝图绘到底。

规划要结合各乡镇、各村庄的发展实际，既尊重村民的意愿，又结合当地村庄演变与发展的趋势，明确城乡基础设施建设、基本公共服务供给、土地利用相关情况的整体规划，明确生态宜居和美乡村、历史文化名村，以及针对不同类别村庄的发展侧重点，及时更新完善宣传规划体系，以建设和美乡村为导向，聚焦改变农村脏乱差面貌，着力打造农村优质生活环境，通过全面提升宣传工作方式的质量，提升宣传内容的整体有效性，让居民群众能享受到更多实实在在的生活品质提升，推动乡村人居环境的治理与建设平稳运行。

（二）增强服务村民的职能

乡村人居环境治理模式的探讨归根结底是为了服务于村民，他们的意愿和需求是优化治理模式的出发点。所以，乡镇政府首先要学会转变它自己的角色观念，在乡村人居环境治理的过程中，树立以民为本的治理初心和角色观念，坚持在治理工作中自觉服务于村民，关心乡镇社会发展，实现从"管理型政府"向"服务型政府"转变。其次，强化服务职能，创新乡村人居环境治理工作方式、方法。比如设立专职部门进行乡村人居环境治理的宣传、推广和示范工作，把宣传工作做到位，落到实处。最后，乡镇政府要牢固它自己的群众观念，使乡镇干部和村民群众间保持密切联系。乡镇干部在实际工作中要尊重村民的个人意愿及其合法权益，切实减轻村民的思想负担，并养成良好的工作作风，切实做到从心底里热爱乡村、热爱村民群众，善于用巧妙、简洁的方式做好说服、教育、示范等工作，做到善于并乐于与群众打交道，切实有效地帮助群众解决相关利益诉求问题。

建立合理、规范的乡村人居环境治理制度必须有村民的持续支持与参与。在乡村人居环境整治的过程中也需要适当还权于民，让他们更加真切地感受到他们自己作为乡村人居环境治理主体中的一员肩负着不可或缺的重要责任，这份责任感会让他们注意从生活中的点滴做起，严格要求他们自己，进而通过不断学习与实践提升他们自己的环保意识。具体而言，一是要保障村民公开地、机会平等地参与到乡村人居环境治理当中的权利。建立起民主参与制度，保障居民参与治理的基本权利，健全公共需求的有效表达机制，给予居民表达想法和意见的自由，从而构建适应乡村经济社会发展要求的人居环境治理制度。二是要更多地考虑到村民的意愿与接受能力，运用更科学的方式寻求与村民的共识，进而促成乡村人居环境治理意识的成长与升华，最终营造出"联动共治"的良好氛围。

无规矩不成方圆，相比于乡镇政府外生性地建立一些规章制度，培养村民内生的规则意识显得更为重要。比如，在垃圾分类处理的宣传问题上，让村民在日常生活中潜移默化地认识并了解正确的垃圾分类知识和常识，并把垃圾分类作为一种常态化操作，才是让垃圾分类处理可持续发展的更好举措。而乡镇政府与村民之间能够进行良好的沟通和协调是乡村人居环境多元主体协商治理保持有效且可持续发展的重要基础。在政策措施落实的过程中，恰当的沟通方式和顺畅的沟通渠道是促成乡镇政府与村民间良好互动的润滑剂。

比如，对于未成年人而言，成长的氛围十分重要，其中最主要的无疑是家庭教育以及学校、老师的教导，家风的影响是潜移默化的，十分重要且深远。家庭和学校积极传递乡村人居环境多元主体协商治理理念，对于青少年的熏陶作用是不言而喻的。青年兴则国家兴，青年强则国家强。青年一代有理想、有本领、有担当，国家就有前途，民族就有希望，因此，在人居环境治理中对青年一代的宣传培养教育不可或缺，需要做好相应的协调工作，给予他们更多的投入和关心，落实并做好培养和监督的相关工作。

而对于成年人的宣传教育工作，应该照顾到成年人在过去形成的一些固定的思想，特别是一些可能已经根深蒂固的思想。当下是一个手机和微信普及的时代，我们可以利用人手一部的手机配合微信账号作为主要的宣传媒介，更多地在村内微信公众号、微信群聊以及手机应用程序等共享平台上，发布、转载、宣传关于乡村人居环境多元主体协商治理的常识和知识小链接等。同时设置有奖问答环节，采用答题正确获得积分的制度，在学习的过程中给予他们一些鼓励。这样不仅可以让他们更好地完成基本知识的学习，而且可以让他们在不断学习中体会成就感，在积极参与中体会获得感，在坚持实践中体会幸福感，在勇于改变中体会时代感，在思想转变的过程中培养他们自己对环境治理的认同感和协商治理的理念，让宣传与落实的方式方法变得更加合理有效，以促进政府和村民之间协商治理质量的提升。

（三）加大资金投入和善用乡村资源

政府要继续有计划且有针对性地加大对于乡村人居环境治理的资金投入。乡镇政府要学会创新财政收入和支出的方式，建立它自己行之有效的相关机制，把治理经费有效使用，把资金真正用在乡村人居环境治理的具体工作和规划建设的具体环节当中。此外，要对相应的公益事业实行一对一的精准帮扶和对口援助，充分调动起村民参与乡村人居环境治理与建设的积极性和能动性。在治理经费及资金的用途上，应该分清楚轻重缓急，乡镇政府要对资源进行有效整合并精准使用，如对于情况紧急的问题应该做到适当提前解决。但是有一点需要注意，即经费不足问题不仅仅是一个经济问题，更确切地说应该是一个制度问题，对我国的乡村而言，治理经费不足是治理制度不完善的一种表现。所以，政府筹集经费的方法需要和治理制度的建设结合起来。

除了需要加大对乡村人居环境治理的资金投入外，政府善用乡村资源也是解决资金不足问题，进而使政府和企业展开良好协商，并实现可持续发展的一个重要途径。保护乡村人居环境和善用乡村资源已经成为影响乡村产业经济进一步向前发展的两个重要问题和衡量指标，乡镇政府应该努力推进制度优化，使其走向规范化、标准化和法制化，争取做到以保护促发展，以善政促善治，走乡村善治之路。善治就是公共利益最大化的治理过程，是政府和公民对社会政治事务的协商治理，善治需要政府与公民的共同努力。"乡村善治"的最终形成有赖于权力监督和制约机制的双双完善，因此乡村人居环境多元主体协商治理体系的建立健全有利于乡村资源的可循环利用、乡村生态环境的平稳发展以及生态宜居、和谐美丽乡村的最终建成。

乡镇政府要想处理好乡村资源的合理使用与乡村人居环境治理、建设与维护之间的关系，把善用乡村资源和保护乡村环境放在重要的战略位置上。同时，有必要把自然灾害等突发情况所产生的环境治理的额外费用加入每年政府治理资金的预算内，并做到正确引导、大力扶持、注重保护、积极协调、抓好落实。这样会更有利于构建可持续发展的乡村人居环境治理模式和治理体系。另外，乡镇政府可以和当地企业合作举办如"垃圾分类全员行动"有奖比赛、"三清三拆三整治"竞赛等活动，这种竞赛类活动的联合举办，不仅可以通过设置奖励、颁发奖状和给予资金援助等激励性措施，进一步加快各镇乡村人居环境整治工作的推进，进而有利于完善各乡镇的乡村人居环境建设，而且可以让各镇在互相比较中总结有效经验，改进它们自己的缺陷与不足，不断完善各自的乡村人居环境治理体系。

二 加强村民参与观念

（一）提高环境保护意识

乡村人居环境的改善关乎每一位村民的身心健康，因此，乡村人居环境的保护、治理与建设工作需要社会中各治理主体共同承担和积极维护。村民作为乡村人居环境的主要受益者之一，对于乡村人居环境的治理与建设有着他们自己的义务和责任。在乡村人居环境的治理工作推进到一定程度，乡村人居环境的建设提高到一定水平以后，以前政府主导一切的"单一型"治理模式渐渐开始不能满足现实中多种多样的需求，此时，除了政府以外的各治理主体则应该适时发挥好它们自己的主体作用。村民作为乡村人居环境治理过程中的"参与行为者"，肩负着不容推卸的"担子"。正确的治理观念源于治理意识的不断提高与革新，村民对于环境治理意识的自我革新显得十分重要。"治理意识"所包含的内容十分丰富，是一个包容性非常强的词汇，它重点强调多元主体共同参与治理时的参与性和互动性。因此，村民如何提升其自己的环境保护意识，从而确立其自己正确的乡村人居环境治理观念，成为构建"共治共建共享"的乡村人居环境多元共治体系的重要一环。

对于村民主体意识的革新和提高，以及治理意识的培养问题，应该把成年人和未成年人分开来讨论。首先未成年人因为自控能力仍处于较弱的阶段，各种观念都处在形成的过程中，注重"家风"和"学风"的关键作用和影响，对于正在形成其三观的未成年人而言，家长、长辈的影响，以及学校老师的指引和教导无疑是最直接且最重要的，所以从小对未成年人进行乡村人居环境治理的知识普及，让他们从小树立他们自己是治理主体中不可或缺的一员的主体意识，长大后自觉积极参与并投身到乡村人居环境的治理与建设事业当中去，这样将非常有利于我国乡村人居环境的可持续治理与建设。

成年人由于部分思想已经根深蒂固，因此很难在短时间内对这些"固定思想"加以扭转。但是成年人应该具备对一件良好事物的适应和学习的能力，所以成年人应该时刻提醒他们自己，积极参与到政府建立的种种激励引导机制当中去，通过工作之余的闲暇时间，充分学习关于乡村人居环境治理的相关内容，提升他们自己的环保意识，构建属于他们自己的、正确的一套人居环境治理与建设的观念，让他们自己在坚持实践中体会幸福感，在思想转变的过程中革新和提高对乡村人居环境治理的认同感和多元主体间协商治理的理念。

（二）培养"共建共治共享"的协商治理观念

生态文明是人民群众共同参与共同建设共同享有的事业，村民要通过不断学习和实践，逐渐认识到乡村人居环境的治理不仅是我国生态文明建设的重要组成部分，需要村民自己去参与和建设才能实现，也是惠及子孙后代的伟大事业。村民普遍文化程度不高且小农思想较重，面对乡村人居环境的协商治理这样的新鲜事物往往会持观望态度。所以，村民首先要知道他们自己的不足，要积极参加乡镇政府举办的关于宣传乡村人居环境多元共治的宣讲会或交流会，通过浏览通俗易懂的宣传画报和收听简明扼要的音频广播，充分利用好政府设置的宣传栏、广播站、文化服务中心等开展宣传乡村人居环境治理活动的"主阵地"，在不断学习的过程中，了解"共建共治共享"的意义与内涵，从根本上改变原来的不良思想和行为，树立科学、健康、文明、环保、和谐的生活理念和培养环境保护的习惯，并最终逐渐形成他们自己的乡村人居环境协商治理观念。

总的来说，村民难以认识和理解他们自己的治理主体地位，最大的障碍还是来源于他们自己固定的思维方式，不难看出，小农思想对于构建"共建共治共享"的乡村人居环境治理体系是非常不利的。这种固定观念之所以会如此根深蒂固，除去历史的相关因素外，更多的是因为村民对于文化知识的摄入量偏少。因此，在日常生活中，村民应该提升和开阔他们自己的视野，突破他们自己内心的障碍，主动融入多元主体的协商治理中。同时，乡镇政府则应该通过一些创新的宣传方式让村民打消心中的顾虑，慢慢树立起他们的主体意识，更好地融入乡村人居环境治理和建设的过程中，为构建生态宜居的乡村生活环境共同努力。

三 增强企业环保意识

(一) 以产业兴旺助推生态宜居

法律法规的特征是公正公平，不偏不倚，因此法律面前人人平等。法治是国家治理体系和治理能力的重要依托，同时也应该是企业完善自身管理体系系统性、规范性、协调性的重要依托。在乡村人居环境的治理与建设过程中，企业作为"守护行为者"，是重要的参与主体之一，在明确它们自己的义务和责任之后，要加强其自身的法律素养，积极参加政府举办的关于乡村人居环境治理以及生态环境保护法律法规的普法宣传会议或者座谈会等活动，及时获取最新的法律相关资讯，积极参与讨论，适时给出建设性的建议，并通过在企业内部下发相关手册并举办具有实践意义的周末节假日普法活动，让企业员工通过阅读、听讲、学习、实践，更好地做到知法、懂法、守法，让法治成为企业文化中的一种不可缺少的要素根植在企业员工的心中，以法治促进企业发展。

乡镇企业大多以农业企业为主，如果想要其自身在新时代可以获得新的机遇，升级它们的生产模式、优化其自身的资本结构、扩大生产规模、提升产品质量，进而扩大产能，并争取到更多的行业市场份额，获得更多消费者的信赖，增强它们的市场竞争力，实现经济增长，跟上市场格局变化的脚步和时代的步伐，首先要强化对国家不断完善的相关环境法律法规的学习意识，做到严格遵守。其次，要根据政府制定的法律法规，建立更加符合企业自身发展规律和发展前景的内部监管流程，加强企业内部关于生态环境保护的监管和处罚的惩治制度和机制，进一步推动乡镇企业走绿色发展道路，从而更好地做到以乡镇企业的内部治理助力政府对于乡村人居环境治理的现代化，以乡镇企业的产业兴旺，推动政府对于乡村人居环境的治理有效，保护生态环境就是保护生产力，改善生态环境就是发展生产力。此外，在积极配合乡镇政府的治理工作，自觉保持关注乡村人居环境治理和建设进度的最新动态、要闻的同时，企业自身在制定发展规划的时候也应该注意做到善用乡村现有资源。对于乡村资源的充分运用，不仅可以节省一定的企业生产成本，也是企业走向产业兴旺的良好方法。

（二）以"协作共赢"助力农户脱贫致富

发展乡村经济，增加村民收入，改善村民生活，是落实"共享"发展理念的客观要求。我国乡村土地制度决定了乡村合作经济的基本矛盾是"小农户"与"大市场"之间的矛盾，大力发展和创新"企业＋农户"的合作经济模式将有利于该矛盾的化解，从而让企业的产业兴旺推动村民的生活富裕和乡村整体的乡风文明。各村镇经过如"三清三拆三整治"的治理行动后会形成许多集中连片的空闲土地，这为农户与农业企业的合作创造了必要的条件和氛围。在促进企业更快更稳定发展、帮助农户更好更踏实增收的同时，恰当地加入"中间调和"一方，为双方搭建一座有助于互相理解的"高效桥梁"，从而更妥善地解决好由于双方思想、原则等不同而引起的矛盾与不理解，是实现企业与村民互利共享的必由之路。可以鼓励发展中介人队伍，建立起"企业＋中介＋农户"的合作经济利益共同体，切实保障农户和企业的利益。企业在为乡镇创造就业机会留住更多青壮年劳动力的同时，把互利共赢、合作共赢、共享共治的理念更好地传递给村民，有利于帮助他们摆脱小农思想的束缚、提高文化水平，同时产生更大的认同感。通过产业结构的升级，进一步推动乡镇农业科技体系的升级，完善农业技术合作，优化流程，引导乡村农业产业化发展，优势互补，资源共享，在让乡村经济更具竞争力和创造性的同时，使村民与企业的合作更为协调融洽，有利于村民和企业确立正确的主体参与意识，从而更好地调动起他们的积极性、增强他们自己的责任意识，进而推进乡村人居环境治理现代化。

与此同时，"企业+中介+农户"的模式，也可以更好地实现通过生活方式绿色革命，倒逼生产方式的绿色转型。绿色生活方式涉及村民日常生活中的各个方面，其倡导的绿色低碳、简约适度的生产、生活方式，是有利于生态环境保护的，有利于乡村人居环境治理的稳步推进和可持续发展，因此也适合企业在日常运营和发展过程中进行必要的借鉴。

(三) 以科技推动协商治理创新综合体构建

首先，企业要加强与农业类高等院校的校企合作，以及和农业类科研机构的交流沟通。谈及科技创新，就一定会涉及人才的引进与培养，在日新月异的当代社会里，农业企业只有紧跟时代发展的节奏，甚至是走在时代的前端，才能在行业中获得必要的竞争优势，而与科技创新的紧密结合程度是保障企业可以走在时代前端的关键之一。因此，在企业制定发展规划和战略规划的时候，要坚持走创新驱动发展的道路，注重人才引进和培养，积极引进各类紧缺人才、稀有人才、高新人才、实用人才和特殊人才，服务X县经济社会发展和乡村振兴事业。同时，要积极促进人才合理流动，发挥市场配置人才的基础性作用，消除人才流动中的户口、部门、行业、身份、所有制等因素的限制，打破人才流动的制度壁垒。建立健全产、学、研单位之间人才流动的体制机制，鼓励企事业单位科技人才创新创业，支持企业产品一线部门和农村经济组织与职业院校、科研机构人才双向流动，健全有利于人才向基层和乡村流动的政策体系。在给予引进的人才足够的成长空间的同时，也给当地企业创造上升的空间。这样可以通过企业自身产业结构的不断升级，进一步带动乡镇企业科技体系的提升，更好地完善农业技术合作，优化企业运营流程，引导乡村农业产业化发展，实现优势互补，资源共享，依托乡村特色优势资源，打造农业全产业链，让乡村经济更具竞争力和创造性，从而进一步完善区域、校企之间人才培养、合作与交流的体系。

其次，企业要加强城乡之间互动合作。X县作为毗邻粤港澳大湾区的一个优秀的农业县，可以依托粤港澳大湾区的发展，优化其农村产业结构，加快推进农村一、二、三产业融合发展，大力发展现代镇域经济，充分发挥 W 集团等龙头企业的示范作用来发展现代农业，将名优农业产品做强做大，充分利用 X 县自然景观良好、历史文化底蕴深厚的特点重点打造精品旅游线路，发展旅游业。鼓励发展农业林经济、循环经济、立体经济，并强化特色产业支撑。

改革开放以来，城市的发展速度和发展成效与乡村拉开了很大的差距，通过城市化的拉动，借助城市化的优势，乡镇企业可以获得较为可观的发展。进入新时代，乡镇城市化的目标不再是单纯地追求城市化率，而应该追求城乡二元的均衡、制衡与互动。城乡融合，有利于通过满足乡村的实际需求，把来自乡村基层的创造力与城市的科技创新紧密结合，进而推动乡村人居环境协商治理新体系的形成。同时，与科技创新的紧密结合，城乡合作的亲密无间也会带动村民致富，提高村民的生活质量和水平，间接给予他们提高其自身文化素质和素养的机会。这样还可以使村民与企业的合作变得更为协调融洽，有利于村民和企业确立正确的主体参与意识，从而更好地调动起他们的积极性、增强他们的责任意识，在多元化的主张中，确立可以综合平衡的治理模式；进而有利于"守护行为者"与"参与行为者"更有效地达到共享发展状态，有利于建立健全乡村人居环境多元主体协商治理的新体系和新格局，也有利于推进乡村人居环境治理现代化。

参考文献

经典文献

《马克思恩格斯全集》第 1 卷，人民出版社 2002 年版。
《马克思恩格斯文集》第 1 卷，人民出版社 2009 年版。
《马克思恩格斯选集》第 4 卷，人民出版社 2012 年版。
《列宁全集》第 55 卷，人民出版社 1972 年版。
《列宁选集》第 3 卷，人民出版社 2012 年版。
《毛泽东选集》第 2 卷，人民出版社 1991 年版。
《毛泽东文集》第 7 卷，人民出版社 1999 年版。
《周恩来统一战线文选》，人民出版社 1984 年版。
《周恩来选集》（上卷），人民出版社 1987 年版。
《邓小平文选》第 2 卷，人民出版社 1994 年版。
《江泽民论有中国特色社会主义（专题摘编）》，中央文献出版社 2002 年版。
《习近平关于"不忘初心、牢记使命"论述摘编》，中央文献出版社、党建读物出版社 2019 年版。
《习近平谈治国理政》，外文出版社 2014 年版。
《习近平谈治国理政》第 1 卷，外文出版社 2018 年版。
《习近平谈治国理政》第 2 卷，外文出版社 2017 年版。
《习近平谈治国理政》第 3 卷，外文出版社 2020 年版。
《林伯渠文集》，华艺出版社 1996 年版。

习近平：《决胜全面建成小康社会　夺取新时代中国特色社会主义伟大胜利——在中国共产党第十九次全国代表大会上的报告》，人民出版社2017年版。

《十二大以来重要文献选编》（上），中央文献出版社2011年版。

《十三大以来重要文献选编》（上），中央文献出版社2011年版。

《十六大以来重要文献选编》（上），中央文献出版社2005年版。

《十七大以来重要文献选编》（上），中央文献出版社2009年版。

《十四大以来重要文献选编》（上）人民出版社2011年版。

《十五大以来重要文献选编》（上），人民出版社2000年版。

《十八大报告辅导读本》，人民出版社2012年版。

《新时期农业和农村工作重要文献选编》，中央文献出版社1992年版。

《中共中央关于加强人民政协协商民主建设的实施意见》，2015年6月25日，新华社。

《中共中央关于加强社会主义协商民主建设的意见》，2016年1月25日，新华社。

《中共中央关于全面深化改革若干重大问题的决定》，人民出版社2013年版。

《中共中央关于全面推进依法治国若干重大问题的决定》，人民出版社2014年版。

《中华人民共和国实录》第1卷（上下），吉林人民出版社1994年版。

中共中央办公厅、国务院办公厅：《关于加强城乡社区协商的意见》，2015年7月22日，新华社。

中共中央　国务院：《关于实施乡村振兴战略的意见》，2018年1月2日，新华网。

中共中央　国务院：《乡村振兴战略规划（2018—2022年）》，2018年9月27日，新华社。

中共中央文献研究室：《关于建国以来党的若干历史问题的决议注释本（修订）》，人民出版社1985年版。

《中共中央文件选集》第1册，中共中央党校出版社1989年版。

著作

陈家刚：《基层治理》，中央编译出版社2015年版。

陈家刚：《协商民主与当代中国政治》，中国人民大学出版社2009年版。

陈明明：《革命后社会的政治与现代化》，上海辞书出版社2002年版。

陈朋：《国家与社会互动力的农村协商民主实践》，人民出版社2012年版。

陈弈敏：《从民主恳谈到参与式预算》，世界知识出版社2012年版。

程彬：《基层民主协商制度研究》，上海人民出版社2015年版。

费孝通：《乡土中国》，北京大学出版社2000年版。

高建、佟德志：《基层民主》，天津人民出版社2010年版。

郭晨曦：《绝对说服100招》，中国城市出版社2007年版。

韩福国：《基层社会治理中"协商"领域与"民主"机制》，中央文献出版社2014年版。

何包钢：《协商民主：理论、方法和实践》，中国社会科学出版社2008年版。

胡孝红、刘明君：《恳谈民主与乡村政治治理的转型创新》，厦门大学出版社2016年版。

李君如：《当代中国政治走向》，福建人民出版社2007年版。

林焕辉、段思午：《为什么是紫南？——乡村治理"紫南模式"70问》，南方日报出版社2021年版。

陆学艺：《当代中国社会结构》，社会科学文献出版社2012年版。

俞可平：《治理与善治》，社会科学文献出版社2000年版。

马黎晖：《中国协商民主理论与实践》，社会科学文献出版社2013年版。

马远之：《中国六十年与世界六百年——从重商主义到新结构主义》，广东人民出版社2015年版。

莫吉武、杨长明、蒋余浩：《协商民主与有序参与》，中国社会出版社2009年版。

南怀瑾：《孟子·离娄篇》上卷，东方出版社2014年版。

陶富源：《中国特色协商民主论》，安徽师范大学出版社2011年版。

徐勇等:《中国农村村民自治有效实现形式研究》,中国社会科学出版社 2015 年版。

俞可平:《协商民主译丛》,中央编译出版社 2006 年版。

俞可平:《治理与善治》,社会科学文献出版社 2000 年版。

[德] 哈贝马斯:《公共领域的结构转型》,曹卫东等译,学林出版社 1999 年版。

[美] 卡尔·科恩:《论民主》,聂崇信、朱秀贤译,商务印书馆 1988 年版。

[美] 罗杰·希尔斯曼:《美国是如何治理的》,曹大鹏译,商务印书馆 1986 年版。

[美] 詹姆斯·博曼、威廉·雷吉编:《协商民主:论理性与政治》,陈家刚等译,中央编译出版社 2006 年版。

[日] 青木昌彦:《比较制度分析》,周黎安译,上海远东出版社 2001 年版。

[瑞士] 皮亚杰:《结构主义》,倪连生、王琳等译,商务印书馆 1984 年版。

J. Kooiman, M. Van Vliet, "Governance and Public Management", K. Eliassen, J. Kooiman (eds), *Managing Public Organisations* (2nd ed.). London: Sage.

J. Rosenau, "Governance, Order and Change in World Politics", J. Rosenau, E. Czempiel (eds.), *Governance without Government: Order and Change in World Politics*, Cambridge: Cambridge University Press, 1992.

Markus Schwaninger, *Intelligent Organizations: Powerful Models for Systemic Management*, Berlin: Springer, 2006.

Russell Lincoln Ackoff, *Management in Small Doses*, New York: Wiley, 1986.

Stafford Beer, *Brain of the Firm* (2nd ed.), New York: Wiley, 1981.

Stafford Beer, *Diagnosing the System for Organization*, London and New York: John Wiley & Sons, 1985.

Stafford Beer, *The Heart of Enterprise*, Chichester: John Wiley, 1994.

论文

蔡青竹：《马克思社会结构理论视阈下的国家治理体系》，《科学社会主义》2016年第2期。

陈寒非：《乡村治理法治化的村规民约之路：历史、问题与方案》，《原生态民族文化学刊》2018年第1期。

陈慧荣：《国家治理与国家建设》，《学术月刊》2014年第7期。

陈家刚：《当代中国的协商民主：比较的视野》，《新疆师范大学学报》（哲学社会科学版）2014年第1期。

陈家刚：《党的领导与协商民主》，《江汉论坛》2018年第11期。

陈家刚：《基层协商民主的实践路径与前景》，《河南社会科学》2017年第8期。

陈家刚：《协商民主：概念、要素与价值》，《中共天津市委党校学报》2005年第3期。

陈家刚：《协商民主引论》，《马克思主义与现实》2004年第3期。

陈丽、宋菊芳：《社会主义协商民主和建设中国特色社会主义法治体系》，《武汉科技大学学报》（社会科学版）2016年第1期。

陈剩勇：《村民自治何去何从——对中国农村基层民主发展现状的观察和思考》，《学术界》2009年第1期。

陈剩勇：《协商民主理论与中国》，《浙江社会科学》2005年第1期。

陈剩勇、吴兴智：《公民参与与地方公共政策的制定——以浙江省温岭市民主恳谈会为例》，《学术界》2007年第5期。

池忠军：《中国特色社会主义协商民主的道德意蕴——以公共利益的辨识为视角》，《南京航空航天大学学报》（社会科学版）2016年第1期。

褚清清：《微型公共领域理论对协商民主实践的价值》，《天津大学学报》（社会科学版）2016年第2期。

崔凤军、姜亦炜：《农村社区开放式协商机制研究——基于德清县乡贤参事会的调查》，《浙江社会科学》2018年第6期。

戴玉琴：《农村协商民主：乡村场域中群众路线实现的政治路径》，《江苏社会科学》2016年第2期。

邓大才：《中国农村村民自治基本单元的选择：历史经验与理论建构》，《学习与探索》2016年第4期。

邓大才：《走向善治之路：自治、法治与德治的选择与组合——以乡村治理体系为研究对象》，《社会科学研究》2018年第4期。

范和生、刘凯强：《德法共治：基层社会善治的实践创新》，《浙江学刊》2018年第6期。

顾朝曦：《加强城乡社区协商深化基层群众自治——学习习近平总书记关于社会主义协商民主建设的重要论述》，《中国民政》2015年第17期。

郭夏娟、秦晓敏：《"三治一体"中的道德治理——作为道德协商主体的乡贤参事会》，《浙江社会科学》2018年第12期。

何包钢、黄徐强：《儒式协商：中国威权性协商的源与流》，《政治思想史》2013年第4期。

和思鹏、卢丽娟：《乡贤会嵌入民族地区乡村治理的内在价值及路径选择——以印江自治县"村两委+乡贤会"为例》，《贵州民族研究》2018年第39期。

贺少雅、萧放：《礼仪实践：当代乡贤参与基层社会治理的重要途径》，《社会治理》2016年第2期。

侯宏伟、马培衢：《"自治、法治、德治"三治融合体系下治理主体嵌入型共治机制的构建》，《华南师范大学学报》（社会科学版）2018年第6期。

胡鹏辉、高继波：《新乡贤：内涵、作用与偏误规避》，《南京农业大学学报》（社会科学版）2017年第1期。

胡永保、杨宏：《中国农村基层协商民主治理的现实困境与优化策略》，《理论探讨》2013年第6期。

黄海：《用新乡贤文化推动乡村治理现代化》，《西部大开发》2016年第6期。

黄晗：《运用乡规民约推动农村社会协同共治》，《学术交流》2018年第

11期。

季丽新：《中国特色农村民主协商治理机制：农村治理方式变革的基本方向》，《行政论坛》2017年第2期。

季中扬、师慧：《新乡贤文化建设中的传承与创新》，《江苏社会科学》2018年第1期。

江维国、李立清：《顶层设计与基层实践响应：乡村振兴下的乡村治理创新研究》，《马克思主义与现实》2018年第4期。

李春建、宋兴洲、张玉宝：《村级管理的新创造——民主议事日》，《乡镇论坛》1996年第11期。

李君如：《协商民主：重要的民主形式》，《世界》2006年第9期。

李强彬、黄健荣：《国外协商民主研究30年：协商民主何以须为何以可为》，《四川大学学报》（哲学社会科学版）2012年第3期。

李文彬：《论我国基层协商民主的问题与对策》，《华南理工大学学报》（社会科学版）2007年第2期。

李先波、杨志仁：《农村法治建设的困境和出路》，《湖南警察学院学报》2011年第1期。

李小龙：《中国乡村治理中的协商民主制度化研究》，硕士学位论文，河北大学，2017年。

厉有国：《中国基层协商民主实践：价值、问题与路径》，《吉首大学学报》（社会科学版）2015年第2期。

林尚立：《协商政治：对中国民主政治发展的一种思考》，《学术月刊》2003年第4期。

林尚立：《有序民主化：论党在中国政治发展中的重要作用》，《毛泽东邓小平理论研究》2005年第3期。

林尚立：《在有效性中累积合法性：中国政治发展的路径选择》，《复旦学报》（社会科学版）2009年第2期。

刘捷：《我国农村基层乡贤治理研究——以广东云浮市为例》，硕士学位论文，中共广东省委党校，2017年。

刘京希：《民主与法治：构建良好党内政治生态的两大制度基石》，《领导科学》2018 年第 3 期。

龙钰、冯颜利：《我国基层群众自治制度的历史进程、现实状况与未来走向》，《求实》2014 年第 7 期。

卢志朋、陈新：《乡贤理事会：乡村治理模式的新探索——以广东云浮、浙江德清为例的比较分析》，《云南行政学院学报》2018 年第 2 期。

罗学莉：《协商民主：农村民主和社会建设的新路径》，《长白学刊》2010 年第 4 期。

马丽：《国家治理现代化需要什么样的法治文化》，《人民论坛》2018 年 16 期。

欧阳康、赵琦：《以人民为中心的国家治理现代化》，《江苏社会科学》2020 年第 1 期。

潘嘉玮等：《村民自治权与村民经济自主权》，《华南师范大学学报》（社会科学版）2003 年第 4 期。

潘利红等：《乡村振兴在广东的探索——以新兴县 12 个乡镇为例》，《农村经济与科技》2019 年第 30 期。

庞静云：《道德治理：国家治理的重要维度》，《华中师范大学学报》（人文社会科学版）2015 年第 3 期。

彭大鹏：《让基层民主有力地运转起来——对成都新村发展议事会的考察》，《华中农业大学学报》（社会科学版）2011 年第 5 期。

齐卫平、陈朋：《协商民主研究在中国：现实景观与理论拓展》，《学术月刊》2008 年第 5 期。

邱国良：《资源控制、利益多元与信任分层——乡村权力关系视野下的农民政治信任》，《求实》2011 年第 1 期。

邱新有、吴佩芝：《协商民主与"金字塔"伦理道德系统——对中国治理模式的一个原因分析》，《江西师范大学学报》（哲学社会科学版）2015 年第 1 期。

曲延春：《中国乡村治理中的协商民主：发展逻辑与推进对策》，《农村经济》2011 年第 11 期。

石磊等：《乡村振兴战略背景下基层协商民主研究——基于 S 省 Y 市的

调研》,《四川省社会主义学院学报》2019 年第 1 期。

孙存良:《当代中国基层协商民主实践与社会整合》,《新疆社科论坛》2010 年第 4 期。

唐玉:《社会主义协商民主:主体维度的思考》,中国社会科学出版社 2014 年版。

童庆平:《也谈协商民主的基本要素》,《江苏省社会主义学院学报》2007 年第 6 期。

王道坤:《协商民主在中国的适用性条件及其前景》,《华中师范大学学报》(人文社会科学版)2006 年第 4 期。

王凤志:《论基层党建工作科学化及其对策》,《求实》2010 年第 8 期。

王国勤:《乡村协商民主的系统化再造——以象山"村民说事"为例》,《浙江社会科学》2018 年第 12 期。

王海娟:《论富人治村的"私人治理"性质》,《地方治理研究》2016 年第 1 期。

王洪树:《协商民主的缺陷和面临的践行困境》,《湖北社会科学》2007 年第 1 期。

王建华、林丽慧《协商民主视角下的议事程序》,《社会科学研究》2007 年第 6 期。

王露璐、刘昂:《自治、法治、德治相结合的乡村治理》,《绍兴文理学院学报》(人文社会科学版)2018 年第 5 期。

王平:《协商民主对村民自治制度政治合法性的提升》,《安徽师范大学学报》2010 年第 2 期。

王平、林萍:《村民自治视阈中的协商民主》,《安徽农业科学》2009 年第 11 期。

王泉根:《中国乡贤文化研究的当代形态与上虞经验》,《中国文化研究》2011 年第 4 期。

王文彬:《自觉、规则与文化:构建"三治融合"的乡村治理体系》,《社会主义研究》2019 年第 1 期。

王先明:《晋绥边区乡村民主建设的历史审视——以 1945 年的"村选"

运动为例》,《福建论坛》(人文社会科学版)2016年第4期。

王学俭、杨昌华:《协商民主制度化的价值、问题与路径探析——以国家治理现代化为视角》,《湖南师范大学社会科学学报》2014年第5期。

王学军:《协商民主与公共决策》,《天府新论》2006年第1期。

韦民:《说说村民代表会》,《乡镇论坛》1998年第9期。

吴光芸:《协商民主:新农村政治建设的重要途径》,《调研世界》2008年第2期。

吴晓燕、刘芬:《跨村联合议事:村民自治的新拓展——成都市温江区永盛镇的实践考察》,《西华师范大学学报》(哲学社会科学版)2012年第5期。

吴兴智:《理性、权威与制度变迁——中国协商民主发展逻辑再思考》,《南京社会科学》2011年第2期。

吴兴智:《协商民主与中国乡村治理》,《湖北社会科学》2010年第10期。

吴雄妹:《乡贤文化与现代乡村治理——基于江西省乐平市乡村治理实践分析》,《地方治理研究》2016年第3期。

向此德:《"三治融合"创新优化基层治理》,《四川党的建设》2017年第20期。

萧子扬、黄超:《新乡贤:后乡土中国农村脱贫与乡村振兴的社会知觉表征》,《农业经济》2018年第1期。

肖立辉:《协商民主在乡村治理中的适用性与推行》,《中国党政干部论坛》2015年第7期。

徐勇、邓大才:《植根实践着力打造"三农"高端智库》,《中国高校科技》2014年第4期。

徐勇:《国家整合与社会主义新农村建设》,《社会主义研究》2006年第1期。

徐勇、赵德健:《找回自治:对村民自治有效实现形式的探索》,《华中师范大学学报》2014年第4期。

薛长胜:《破解农村村级"两委"班子间矛盾的五条途径》,《求知》

2009 年第 7 期。

杨炳超：《协商民主：内涵、背景及意义》，《东岳论丛》2010 年第 2 期。

杨弘、郭雨佳：《农村基层协商民主制度化发展的困境与对策——以农村一事一议制度完善为视角》，《政治学研究》2015 年第 6 期。

杨嵘均：《村民自治制度变迁的过程、原因以及改革的必要性》，《云南行政学院学报》2009 年第 1 期。

杨卫敏：《习近平基层民主建设思想的浙江发微》，《观察与思考》2018 年第 5 期。

杨中艳：《基层协商民主法治化的建设路径探析》，《云南社会科学》2016 年第 2 期。

姚望：《协商民主在国家治理体系中的作用与机制研究》，《湖南行政学院学报》2016 年第 1 期。

叶小文、张峰：《从现代国家治理的高度认识协商民主》，《中央社会主义学院学报》2014 年第 1 期。

尹鉴：《中国农村基层协商民主研究》，博士学位论文，吉林大学，2015 年。

余华：《基层协商民主的现状分析与发展对策——以浙江省为例》，《观察与思考》2015 年第 3 期。

俞可平：《社会公平和善治是建设和谐社会的两大基石》，《中国特色社会主义研究》2005 年第 1 期。

郁建兴：《法治与德治衡论》，《哲学研究》2001 年第 4 期。

郁建兴、任杰：《中国基层社会治理中的自治、法治与德治》，《学术月刊》2018 年第 12 期。

袁倩：《论农村公共产品自主供给的原因》，《山东行政学院学报》2013 年第 2 期。

原超：《新"经纪机制"：中国乡村治理结构的新变化——基于泉州市 A 村乡贤理事会的运作实践》，《公共管理学报》2019 年第 16 卷第 2 期。

原敏：《党领导下的农村基层民主建设》，《改革与开放》2014 年第 10 期。

张春华：《缺位与补位：乡村治理中的现代乡贤》，《重庆社会科学》

2018年第3期。

张国献、李玉华：《乡村协商民主的现实困境与化解路径》，《中州学刊》2014年第3期。

张景峰：《新时代健全自治法治德治相结合乡村治理体系探讨》，《河南科技大学学报》（社会科学版）2018年第6期。

张君弟：《基于VSM模型的国家治理体系整体性建构研究》，《系统科学学报》2016年第4期。

张君弟：《斯塔福德·比尔"活系统"思想探析》，《自然辩证法研究》2016年第3期。

张丽琴：《法制悬浮、功利下沉、信任流失：乡村治理的三重困境分析》，《农村经济》2013年第9期。

张文显：《法治与国家治理现代化》，《中国法学》2014年第4期。

张晓忠、杨嵘均：《农民组织化水平的提高和乡村治理结构的改革》，《当代世界与社会主义》2007年第6期。

张中秋：《法治及其与德治关系论》，《南京大学学报》（社会科学版）2002年第3期。

赵树凯：《村庄社会治理新课题》，《中国改革》2012年第1期。

赵秀玲：《协商民主与中国农村治理现代化》，《清华大学学报》（哲学社会科学版）2016年第1期。

郑会霞：《构建乡村社会治理体系的意义、困境及对策》，《学习论坛》2018年第12期。

朱勤军：《中国政治文明建设中的协商民主探析》，《政治学研究》2004年第3期。

庄聪生：《协商民主是中国特色社会主义民主的重要形式》，《中共中央党校学报》2006年第4期。

R. Rhodes, "The New Governance: Governing without Government", *Political Studies*, 1996 (44).

Talcott Parsons, "The Position of Sociological Theory", *American Sociological Review*, 1948, Vol. 13 (2).

后　记

"推进协商民主广泛、多层制度化发展"这个重大命题，从党的十八大首次提出，到十八届三中全会被确定为全党的一项重大任务，再到二十大提出"和美"乡村建设，是我们党不断开启"中国之治"新境界的标志之一。伴随着中国乡村社会全面快速发展，建立一种整体优化、内部协商的现代化乡村治理体系，已然成为以习近平同志为核心的党中央乡村振兴战略与乡村高质量发展的应有之义。

本书以习近平新时代中国特色社会主义思想为指导，以系统观念为视角，系统考察乡村基层协商治理的内涵、特征以及实践基础，将党中央提出的自治、法治、德治和基层党组织的建设，作为乡村基层协商治理体系的四个子系统，以活系统模型（VSM）为基础，以功能互补的方式，对四个子系统进行整体优化，并通过"一个领导力，两个机制"达到乡村基层协商治理体系的整体协同，实现乡村基层协商治理模式，为建立和健全乡村治理体系，实现乡村治理现代化和高质量发展提供可行的路径。

在本书的写作和出版过程中，笔者得到了许多单位和个人的关心与支持。在此，谨向他们致以诚挚的谢意！

感谢潘利红教授给予本书的写作提供重要学术贡献！

感谢刘德洋博士为第八章的完善提供了帮助！

感谢我的家人在健康、时间上给予我的照顾和关爱！

感谢在研究过程中所有给予我无私帮助的朋友和同事！

感谢华南农业大学马克思主义学院为本书出版提供的资金保障！

张君弟

2024 年 11 月于广州大学城

前 言

"中国现代化之路：文化自觉与文明互鉴"丛书（下称丛书），实际源于十八年前就已提出，面向人类现代化全新命题及其走过三百年以上历程的"西方",探索出一个既属于中国"也属于世界"的"中国之路"；是通过"综合创新"取得的属于一种现代中国与科学社会全面发展、也是一种既具有内涵扩展的现代化全新内涵、已呈现或将对未来具有示范意义的发展以及日臻完善的"人类社会新型实现形式的方式"之义。

本丛书分若干单本、在中国现代化全面建设推进、且作为其重大系统建设的范围，选择多个决定其全局性问题内涵的研究方向，参照提出的名目、主题、辅助的辅述形式的建议；作为专业与相应问题研究的相关研究与文本以，是关涉完成的（不多）其基础、其功能的多元文化，连同子系统要达到的标准；其有的是一个非平凡的、其内不断调适规模而进展成熟的系统；是具多种功能或而高度复杂式；为规范、和谐、有序而合理地存在方式。关涉本丛书功能所需展现出的问题并同时对应予以对乎，其中的问题展现出来；在各者都、客体主体和个人的关心关注。关心："人——世界和你我区别与区别。"

据我们的最初建议于十八年前既设计规划的本丛书术目、以及对此编年之累十八年来共同完成、现进展得以推广；同年七十发上与职称对应的以人文。

我国在开展此系国家学界主系工作中、无处不有凡响效地印染；

寄望此丛书之所以成以学术主大学书、并作为同样性的全部的，做所的中中的——而此与整，有机——是有经业的。

朱葆民
2024年12月7日，哈大海滨